Erving Goffman
Strategische Interaktion

Aus dem Amerikanischen von
Hermann Vetter

Carl Hanser Verlag

ISBN 3-446-13434-4

Schutzumschlag: Klaus Detjen
Herstellung: Pustet, Regensburg
Printed in Germany

Für finanzielle Unterstützung bei der Abfassung dieser Arbeiten danke ich dem Institute of International Studies, University of California at Berkeley, und dem Center for International Affairs, Harvard University, wo ich als Fellow 1966/67 an dem vorliegenden Buch arbeiten konnte.

Inhalt

Vorwort

Mein Grundinteresse gilt der Untersuchung der persönlichen Interaktion als eines sich natürlich abgrenzenden, analytisch einheitlichen Teilgebiets der Soziologie.

Dazu muß man sich freilich mit der Tatsache auseinandersetzen, daß die Hauptbegriffe dieses Gebiets wie auch seine Abgrenzungen undeutlich sind.

Ein gutes Beispiel für diese Schwierigkeit ist der Begriff der Kommunikation, einer der vielversprechendsten in den Sozialwissenschaften. In den letzten fünfzig Jahren hat ihn jede Forschergeneration mit neuen Hoffnungen auf neue Gebiete angewandt. Doch so oft auch der Kommunikationsbegriff als Heilmittel angeboten wurde, er hat nur selten Besserung gebracht. Der Gegenstand, auf den sich der Ausdruck offenbar in erster Linie bezieht – sozial organisierte Informationsübertragungskanäle –, hat nur wenig systematische ethnographische Beachtung gefunden. Und die Entdeckung, daß man als Kommunikation auch einfach alles bezeichnen könne, was sich abspielt, wenn Menschen zusammentreffen, hat sich äußerst schädlich ausgewirkt: Kommunikation zwischen voreinander anwesenden Personen ist in der Tat eine Form der persönlichen Interaktion, doch diese ist nie ausschließlich und überhaupt nicht immer eine Form der Kommunikation.

Die Ausweitung des Kommunikationsbegriffs war also von zweifelhaftem Nutzen; die Kommunikationssysteme selbst wurden vernachlässigt, und das Gebiet der persönlichen Interaktion wurde mit Armen zu umspannen versucht, die dafür zu kurz waren. Die beiden Arbeiten im vorliegenden Buch versuchen den umgekehrten Weg zu gehen. Gestützt auf einige neuere Arbeiten aus den Anwendungsgebieten der Spieltheorie, wird hier einiges untersucht, was gewöhnlich als Kommunikationsverhalten gilt, und es wird geprüft, in welchem Sinne es sich unter nichtkommunikativen, spieltheoretischen Gesichtspunkten analysieren läßt.

Das vorliegende Buch beschäftigt sich also mit den kalkulierenden, der Spieltheorie zugänglichen Seiten dessen, was Menschen miteinander treiben – wir nennen sie »strategische Interaktion«. Untersucht man sie als solche, so kann man Klarheit darüber gewinnen, worum es sich eigentlich handelt; und dann ist man besser gerüstet, sie in ihrer Eigenart zu sehen, wenn man die persönliche Interaktion betrachtet. Wir werden erkennen, daß die Kommunikation bei der strategischen Interaktion nur eine begrenzte Rolle spielt, und so können wir allmählich auch ihre begrenzte Bedeutung für eine wirklichkeitsnahe Untersuchung der persönlichen Interaktion erkennen. In beiden Beziehungen werden wir ein Stück weiterkommen bei der Isolierung jener Fragen, die sich auf dem Gebiet der direkten Interaktion veranschaulichen lassen (und diese ihrerseits erhellen), deren analytische Grundbegriffe aber auf anderem Gebiet liegen.

Januar 1969 E. G.

I. Ausdrucksspiele

Ausdrucksspiele: Eine Analyse von Zweifeln beim Spiel[1]

Bei der Verfolgung ihrer Interessen müssen soziale Gruppen aller Art mit Einzelpersonen umgehen und vermittels solcher handeln – mit solchen, die anscheinend nützlich, und solchen, die anscheinend hinderlich sind. Dabei müssen die sozialen Gruppen – oder vielmehr ihre Führungspersonen – auf die Fähigkeiten eingehen, die jene Einzelpersonen anscheinend haben, und auf die Bedingungen, die für ihre Ausübung maßgebend sind, etwa angeborene menschliche Neigungen, kulturgebundene Vorstellungen, soziale Normen, den Marktwert der Arbeit und vieles mehr. Auf diese Fähigkeiten eingehen heißt, über sie zu Entscheidungen kommen, seien sie nun gut begründet oder nicht; und das wiederum heißt, mit Annahmen über die Grundnatur der betreffenden Personen arbeiten.

Diese Annahmen über die menschliche Natur sind aber nicht leicht aufzufinden, weil sie dem Analytiker ebensosehr als völlig selbstverständlich gelten mögen wie den Analysierten. Deshalb betrachten wir hier außergewöhnliche Situationen, in denen der Analytiker ihrer unversehens bewußt werden kann. In Zeiten ausgeprägten sozialen Wandels zum Beispiel, wenn die Menschen Rechte gewinnen oder verlieren, richtet sich die Aufmerksamkeit auf Eigenschaften der Menschen, die dann bald als menschlich überhaupt definiert und als selbstverständlich genommen werden.[2] Wenn sich neue Industrien und Techniken entwickeln, ziehen die physikalischen und physiologischen Einzelheiten, die sonst als gegeben hingenommen werden, die Aufmerksamkeit auf sich, und dabei klären sich dann unsere Annahmen und Vorstellungen davon, was die Menschen sind. Konstruiert man etwa Flugzeuge für Flüge in mehr als 5000 m Höhe, so muß man das menschliche Sauerstoff- und Wärmebedürfnis berücksichtigen; konstruiert man Flugzeuge, die so groß sind wie Howard Hughes' Flugboot, so muß man die

Grenzen der menschlichen Körperkraft berücksichtigen und die Steuerung mit Hilfsmotoren kontrollieren; konstruiert man große, schnelle Flugzeuge, so muß man die Grenzen der menschlichen Informationsverarbeitungsfähigkeit berücksichtigen, und wenn die Zahl der Instrumente zu groß wird, wird ein Kopilot nötig; wenn man schließlich Weltraumflugkörper konstruiert, dann muß man natürlich nicht nur die physiologischen Funktionen des Menschen berücksichtigen, sondern auch seine Eigenschaften als physiologischer Gegenstand.

In dieser Arbeit möchte ich eine allgemeine menschliche Fähigkeit unter dem Aspekt unserer Vorstellungen von ihren physischen und sozialen Grenzen untersuchen: die Fähigkeit des einzelnen zur Gewinnung, zur Lieferung und zum Verbergen von Information. Es geschieht aus der Perspektive eines organisationsmäßig gebundenen Beobachters, der Informationen von einer anderen Person haben möchte. Zur Veranschaulichung werde ich die populäre Literatur über die Spionage heranziehen, denn keine Organisation dürfte sich mit der von uns betrachteten Fähigkeit stärker beschäftigen als ein Nachrichtendienst, und keine dürfte die uns interessierenden Annahmen stärker ans Tageslicht bringen. Wir werden uns besonders mit Situationen beschäftigen, in denen der Informationssammler den Informierenden unmittelbar vor sich hat.

1 Annahmen

1. Wie sonstige Gegenstände in dieser Welt beeinflussen Menschen gemäß ihren Tätigkeiten und Eigenschaften ihre Umgebung. Ihre bloße Anwesenheit erzeugt Spuren und Hinweise, kurz: Ausdruckselemente.

Die Information in den hinterlassenen Ausdruckselementen hat ganz bestimmte Eigenschaften. Sie hat notwendig mit dem Urheber zu tun und kann sich nicht lediglich auf einen entfernten Gegenstand beziehen. Sie ist nicht diskursiv in dem Sinne, daß sie eine eingehende Argumentation lieferte, sondern sie hat mit der allgemeinen Beziehung der betreffenden Person zu ihren Ausdruckselementen zu tun. (Ihre Bedeutung ist also sehr stark kontextabhängig.) Die Erzeugung von Ausdruckselementen und damit die Preisgabe von deren Information ist kein offizieller Handlungszweck, sondern (mindestens angeblich) eine bloße Nebenwirkung. Es ist also *Ausdrucks-Information.* Mit dieser Art der Information werde ich mich hauptsächlich beschäftigen.

Jeder Kontakt einer Organisation mit einer Person, sei er unmittelbar oder durch Informationsträger wie etwa die Post vermittelt, gibt der Organisation Ausdruckselemente in die Hand. Die analytische Abgrenzung des Ausdrucksverhaltens hat also nichts mit der Unmittelbarkeit des Kontakts zu tun. Trotzdem nimmt die persönliche Interaktion eine besondere Stellung ein, denn immer, wenn eine Person direkt beobachtet werden kann, wird vielerlei interessante Ausdrucks-Information zugänglich. So können etwa Erscheinung und Benehmen Aufschlüsse über Geschlecht, Alter, soziale Schicht, Beruf, Fähigkeiten und Absichten liefern.

2. Es gibt also Mittel – einige ganz gewöhnlicher Art –, mit denen die Person Information *ausdrückt*. Doch dieses Bild bedarf natürlich einer wichtigen Qualifikation. Die Menschen liefern ja nicht nur Ausdruckselemente; sie liefern auch Kommunikationen. Damit meine ich eine bestimmte Art zweckgerichteter Tätigkeit, nämlich den Gebrauch der Sprache oder sprachähnlicher Zeichen zur *Übermittlung* von Information – das ist Kommunikation im engeren Sinne dieses viel mißbrauchten Wortes. Die absichtliche Übermittlung von Information ist, soweit wir wissen, im wesentlichen etwas Menschliches und findet statt, wenn die Zeichen für den Sender dasselbe bedeuten wie für den Empfänger; wenn der maßgebende, erklärte (wenn nicht wirkliche) Zweck des Senders die Übermittlung von richtiger Information an den Empfänger ist und die Zeichen zu diesem Zweck institutionalisiert sind. Typische Eigenschaften sind: die Zeichen sind generativer Art, so daß außerordentlich viele verschiedene Aussagen formuliert werden können; es können diskursive Informationsstränge erzeugt werden; die Nachricht ist einigermaßen kontextunabhängig, und ihr Gegenstand braucht keineswegs der Sender zu sein. Ich nenne sie *kommunizierte Information* (oder übermittelte Information, oder Nachricht) und den Übertragungsvorgang *Kommunikation* oder *Übermittlung*.[3]

Kommunizierte Information läßt sich anhand einiger Hauptbegriffe beschreiben, die sich von einigen Hauptgesichtspunkten herleiten. Beginnen wir mit dem zentralen Begriff eines Beobachters, und zwar in der Rolle, daß er jemandem eine Frage stellt.

Ein Gesichtspunkt ist die Beziehung der Antwort des Gefragten zu den Tatsachen. Hier geht es um zweierlei. Einmal kann man der Antwort einen bestimmten Grad der »Reichhaltigkeit« zuschreiben. Im einen Extremfall kann sie alle Tatsachen abzudecken scheinen und dem Fragenden den Eindruck vermitteln, er brauche sich nicht weiter um Information zu der Frage zu bemühen; im anderen Extremfall kann der Gefragte antworten, er kabe keine einschlägige Information zu bieten. Ferner kann die Antwort in verschiedenem Maße »richtig« sein, je nachdem, wie gut sie in irgendeinem Sinne den Tatsachen entspricht.

Ein weiterer Gesichtspunkt ist das Verhältnis zwischen dem, was der Gefragte sagt, und dem, was er weiß. Hier geht es um dreierlei. Erstens können Antworten, die keine Information liefern, von verschiedener Art sein: »Ich weiß es nicht«; »Ich weiß es, möchte aber nichts sagen«; »Ich sage nichts, und ich sage auch nicht, ob ich etwas sagen könnte«. Zweitens kann jemand, der nicht negativ antwortet, immer noch in verschiedenem Maße das enthüllen, was er für möglicherweise relevant hält. Das ist die Frage der »Offenheit«. Und drittens fragt sich, ob der Antwortende seine Antwort selber glaubt und sie sich selbst geben würde, wenn er sich fragen würde, oder nicht. Hier geht es um die »Ehrlichkeit« oder den »eigenen Glauben«.[4] Man beachte, daß ehrliche Aussagen mit einiger Wahrscheinlichkeit richtig sind und unehrliche falsch, doch natürlich ist auch die umgekehrte Kombination dieser Eigenschaften möglich.[5]

Es ist hinzuzufügen, daß die Umgangssprache bezüglich der verschiedenen hier betrachteten Beziehungen unklar zu sein pflegt, man sollte also den gewöhnlichen Sprachgebrauch besser vermeiden. So ist beim Gebrauch des Ausdrucks »Wahrheit« oft schwer erkennbar, ob eine ehrliche, eine richtige oder eine ehrliche und richtige Aussage gemeint ist. Oder: der Ausdruck »vollständige Antwort« unterscheidet nicht die Reichhaltigkeit und die Offenheit.

3. Der verhaltensmäßige und technische Vorgang des *Kommunizierens* von Information führt wie alle anderen menschlichen Tätigkeiten ganz von selbst zu Ausdrucksspuren, und das ist der eigentliche Grund, warum wir in der vorliegenden Arbeit auf die Kommunikation einzugehen haben. Das mindeste, was das Kommunizieren als solches ausdrükken kann, ist dies, daß der Sender zum Kommunizieren fähig und anscheinend gewillt ist. Und für diejenigen, die den Sender kennen, ist der Stil einer nicht offensichtlich von ihm ausgehenden Kommunikation im allgemeinen so ausdruckshaltig, daß sie erkennen können, ob sie tatsächlich von dem behaupteten Sender stammt.[6] (Das gängigste Beispiel ist hier die Funktion von Scheckunterschriften im Bank-

wesen: der semantische Gehalt besagt, um wessen Konto es sich handelt; der Ausdrucksstil besagt, ob der Inhaber selbst den Scheck unterschrieben und ihn damit zu einer gültigen Verfügung gemacht hat.) Außer über die Person des Kommunikanten gibt die Übermittlung auch über seinen Standort Aufschluß, ein bekanntes Problem für Agenten, die Kurzwellensender benützen.[7]

Genau wie das Kommunizieren von Information selbst Information ausdrückt, so hat auch der verwendete Zeichenvorrat Ausdrucksaspekte. Diskursive Aussagen scheinen unumgänglich einen bestimmten Stil aufzuweisen, sie können anscheinend nie völlig frei sein von »egozentrischen Einzelheiten« und anderen kontextgebundenen Bedeutungen.[8] Auch ein geschriebener Text, der auf die semantische Bedeutung der Sätze hin gelesen wird, kann auf Ausdrucksgehalte hin untersucht werden, die sich aus dem Stil und der Form der Darstellung einer Bedeutung ergeben; so werden die »Iswestija« und die »Prawda« von unseren Nachrichtendiensten »symptomatisch« gelesen, denn durch den gedruckten Text scheint hindurch, was die Russen selbst nicht wissen.[9] Ja, der Sinn einer Nachricht überhaupt hängt davon ab, ob man sie z. B. als ernstgemeint, als sarkastisch, als Vermutung, als indirektes Zitat auffaßt, und in der persönlichen Kommunikation ergibt sich diese Deutungsinformation gewöhnlich aus außersprachlichen Hinweisen wie Tonfall, Gesichtsausdruck u. ä. – die Ausdrucks- und keine semantischen Elemente sind.

Wir können also sagen, daß die Person als Informationsquelle Ausdruckselemente von sich gibt und Kommunikationen übermittelt, daß aber im zweiten Fall die informationssuchende Seite immer auch auf die Ausdruckselemente achten muß, weil sie sonst nicht weiß, wie sie das Gesagte auffassen soll. Wir haben also zwei Akteure, den Beobachter und den Beobachteten. Wenn Worte benutzt werden, kann man von einem Fragenden und einem Antwortenden sprechen.

4. Alle Organismen benutzen auf ihre je verschiedene Art Information, die sie aus ihrer unmittelbaren Umgebung aufnehmen und aufgrund derer sie angemessen auf das reagieren können, was um sie herum vorgeht und wahrscheinlich vorgehen wird. Bei den niederen Organismen kommt dabei keine nennenswerte Intelligenz ins Spiel; man kann lediglich sagen, als Folge der natürlichen Auslese werde Information aufgenommen und »der Wirkung nach« verwertet. Bei den höheren Organismen, insbesondere beim Menschen, reicht der Instinkt

nicht aus, es kommt vielmehr zu bewußten zielgerichteten Bemühungen um Informationsgewinnung aus lokalen Ereignissen mit dem vorgestellten Zweck, diese Kenntnisse beim Umgang mit diesen Vorgängen zu verwenden. Man kann hier davon sprechen, daß der Betreffende sich ein Bild von seiner Situation macht, wozu die Gewinnung von Information wie auch ihre Verwendung bei Entscheidungen gehört.

Man kann davon ausgehen, daß es im Interesse des Beobachters liegt, von einem Beobachteten Information zu erlangen, und ebenso kann man annehmen, daß es im Interesse des Beobachteten liegt, zu erkennen, daß eben dies geschieht, und zu kontrollieren und zu arrangieren, welche Information der Beobachter erhält; denn so kann der Betreffende fremde Reaktionen auf eine Situation, in der er steht, zu seinen Gunsten beeinflussen. Ferner kann man davon ausgehen, daß dies der Betreffende vermittels einer besonderen Fähigkeit erreichen kann – der Fähigkeit, Ausdruckselemente zu unterdrücken oder künstlich zu erzeugen.

Es pflegt Situationen zu geben, in denen ein Beobachter auf das angewiesen ist, was er von einem Beobachteten erfahren kann, weil es keine ausreichenden anderen Informationsquellen gibt, und in denen der Beobachtete darauf aus ist, diese Einschätzung zu hintertreiben oder aber unter schwierigen Verhältnissen zu erleichtern. Es können sich hier spielähnliche Überlegungen entwickeln, auch wenn es um sehr schwerwiegende Dinge geht. Es kommt zu einem Wettkampf um die Einschätzung. Mir scheint diese Situation so häufig und von so entscheidender Bedeutung, daß die Betrachtung solcher Spiele und ihrer verschiedenen Einschränkungen uns die ersten Hinweise auf wichtige Annahmen und Vorstellungen über die Natur des Menschen geben kann. Die Information gewinnt strategische Bedeutung, und es kommt zu Ausdrucksspielen.

2 Die grundlegenden Züge

1. Unbelebte Gegenstände kann man gewiß als gleichgültig gegenüber der Frage ansehen, ob sie beobachtet werden oder nicht; der Gegenstand verharrt in seinem jeweiligen Zustand – die berühmte mikrophysikalische Ausnahme ist für uns ohne Interesse. Es dürfte auch Situationen geben, in denen Lebewesen, auch höchste, für alle praktischen Zwecke nicht darauf achten, ob sie beobachtet werden – minde-

stens was bestimmte Beobachter mit bestimmten Interessen betrifft –, sei es nun, daß sie einfach nicht wissen, daß sie beobachtet werden, oder daß sie ein undeutliches Gefühl davon haben, es ihnen aber völlig gleichgültig ist. Jedenfalls kann der Beobachter den Eindruck haben, er brauche seine Beobachtungen nicht im Hinblick auf eine mögliche, durch sie veranlaßte Verstellung des Beobachteten zu berichtigen, sondern könne das Beobachtete nehmen, wie es sich darstellt, als unbefangenen, nicht berechnenden Ausdruck oder als offene Kommunikation; und diese Sichtweise des Beobachters kann gelegentlich durchaus gerechtfertigt sein.

Beobachtbares Verhalten, das sich nicht an der möglichen Einschätzung durch einen Beobachter orientiert, nennen wir einen *absichtslosen Zug*. Ein solches Verhalten gehört von Anfang an zum Ausdrucksspiel, nicht zum Spiel, und braucht eine paradoxe Bezeichnung.

2. Als *naiven Zug* bezeichnen wir die Einschätzung durch einen Beobachter, daß der Beobachtete so zu nehmen sei, wie er erscheint, daß er also einen absichtslosen Zug ausführe. Der Beobachtete wird »im Klartext« gelesen, was jeder kann, der die technischen Fähigkeiten dazu hat. Das ist der zweite Zug in Ausdrucksspielen. Er ist ausschließlich ein Zug des Beobachters und nicht des Informanten; und er macht keinen Unterschied zwischen belebten und unbelebten Beobachtungsgegenständen.

Das Wesentliche ist hier, daß sich die Person als Quelle strategischer Information überhaupt nicht von anderen Elementen der Situation zu unterscheiden braucht und dann sogar ebenso bezeichnet werden kann wie andere informationsliefernde Bestandteile der Situation; außerdem liefern diese immer dann, wenn die Person selbst als Informationsquelle fungiert, sehr wahrscheinlich ebenfalls Information; ja, die Beobachter neigen dazu, ständig verschiedene Bestandteile der Situation einschließlich der beteiligten Personen gegeneinander zu halten.

3. Als *instrumentellen Zug* bezeichnen wir den bewußten Versuch eines Informanten, Ausdruckselemente zu erzeugen, von denen er glaubt, daß sie seine Situation verbessern, wenn sie vom Beobachter aufgenommen werden. Das ist der dritte Zug in Ausdrucksspielen. Man beachte, daß aufgrund der natürlichen Auslese die niederen Organismen ganz eindeutig diesen Zug machen, aber natürlich nur »der Wirkung nach«, freilich mit solchem wirksamen Erfindungsreichtum, daß man

hochqualifizierte Belehrung in der Kunst der Tarnung erfahren kann. Beim Menschen geht er bewußt und berechnet vor sich – wenn er auch durch Gewohnheit spontan werden kann –, und das ist die wichtigste Beziehung, in der sich der Mensch als Spieler von den niederen Arten unterscheidet. Der Beobachtete beachtet, daß seine Umgebung einen Eindruck beim Beobachter erzeugt, und versucht daher, die Dinge von vornherein in die richtigen Bahnen zu lenken. Er weiß, daß seine Handlungen, Ausdruckselemente und Worte dem Beobachter Information liefern, und so baut er in seine Tätigkeit von Anfang an eine Berücksichtigung der informierenden Seiten ihrer späteren Phasen ein, derart, daß er von der Definition der Situation, die er dem Beobachter schließlich liefert, hoffen kann, daß er sie von Anfang an als zu seinem Vorteil hervorgerufen empfinden wird. Dazu wendet sich der Beobachtete sich selbst zu und nimmt aus der Sicht des Beobachters seine eigene Tätigkeit wahr, um sie in den Griff zu bekommen. Nach G. H. Mead »versetzt er sich hinein« in den Beobachter, aber nur insoweit, als dieser ihn beobachtet und aufgrund davon Entscheidungen treffen wird, und nur so lange und so tief, daß er aus dieser Perspektive lernt, wie man am besten die Reaktion des Reagierenden steuern könnte; der Beobachter »versetzt sich hinein« in den Beobachteten, aber er »identifiziert« damit nicht seine Interessen.[10] Der Beobachtete versucht also, das Sichzunutzemachen seines Verhaltens durch den Beobachter *sich* zunutze zu machen, ehe das noch der Beobachter selbst tun kann. Er betreibt Eindrucksmanipulation.

Es wird also – das sollte deutlich sein – ein instrumenteller Zug im Hinblick auf etwas ausgeführt, was schon Bestandteil des Spiels ist, nämlich den zweiten Zug; im Hinblick auf eine Welt, die selbst schon durch das Spiel erzeugt worden ist.

Und man beachte, daß zwar Wortkargheit und Aussagen, an die man selbst nicht glaubt, beliebte instrumentelle Züge sind, daß aber die Instrumentalisierung durchaus ohne jede Bezugnahme auf Kommunikation analysiert werden kann. Das Wesentliche ist nicht die Kommunikation, sondern eine Anzahl raffinierter Weisen, den anderen einfühlend als jemanden in Betracht zu ziehen, der die Verhältnisse beurteilt, und den man mit Vorteil zu einer falschen Einschätzung bringen kann (oder zu einer richtigen trotz seines Argwohns, seiner Unwissenheit oder Unfähigkeit). Die verschiedenen Instrumentalisierungsunternehmungen bedienen sich nicht der Fähigkeit des Beobachters, Nachrichten zu empfangen, sondern Ausdruckselemente zu lesen.

Wenn sich also der Beobachtete sprachlich über seine Handlungsabsichten äußert, muß der Beobachter – wenn er die Bedeutung dieser Kommunikation richtig einschätzen will – auf die Ausdrucksaspekte der Übermittlung achten, die eine Kontrolle für den semantischen Inhalt abgeben. Und der Beobachtete muß auf sein eigenes Ausdrucksverhalten achten, wenn er beim Kommunizieren etwas verbergen will. Eine Nachricht fungiert also lediglich als ein Aspekt der Situation unter anderen, der sorgfältig betrachtet und sorgfältig unter Kontrolle gehalten werden muß, weil sich Beobachteter und Beobachter in einem Einschätzungswettkampf befinden.

Betrachten wir nun die wichtigsten instrumentellen Züge. Bei den niederen Organismen kann man ziemlich klar unterscheiden zwischen Tarnung, womit der Organismus seine Erscheinung seiner unbelebten Umwelt angleicht, und Täuschung, die in zwei Formen vorkommt, der Nachahmung einer anderen Art und der Nachahmung von Drohgesten.[11] (Interessant ist, daß Raubtiere zwar nicht die Beute mit täuschenden Gesten einschüchtern, aber Tarnung und Täuschung genau wie die Beutetiere einsetzen.) Beim Menschen dürfte die Unterscheidung folgender Künste von Nutzen sein: (1) Verbergen, (2) betontes Zeigen und (3) Täuschung. Die wichtigste dürfte das Verbergen sein. Betrachten wir seine Spielarten.

Ein häufig vorkommender verbergender Zug ist die offene Geheimhaltung und Absonderung, bei der der Betreffende mögliche Beobachter an der Wahrnehmung von etwas hindert, aber nicht zu verhindern sucht, daß diese Tatsache von ihnen wahrgenommen wird. Wohl noch häufiger ist das verdeckte Verbergen, etwa wenn die Mitglieder einer Gruppe mit Hilfe eines Geheimkodes miteinander kommunizieren.[12] Das verdeckte Verbergen erfordert natürlich irgendeine Maske oder Tarnung.[13] (Wenn die Maske den Zweck der Anwesenheit verbirgt, heißt sie manchmal »Vorwand«; ist sie eine organisierte Tätigkeit, so heißt sie wohl »Deckoperation«; ist sie eine soziale oder persönliche Identität, so heißt sie auch »Deckmantel«.[14] Ein anderer verbergender Zug ist das möglichst lange Aufschieben einer Entscheidung oder der Einleitung einer Handlung, die im Sinne einer schon getroffenen Entscheidung läge. (So warten wohl Militärs möglichst lange, bis sie endgültig über den Ort eines Angriffs entscheiden, oder ein Trainer sagt seinem Jockey erst beim Aufsitzen, ob er »losschießen« oder mehr mit »steifer Zurückhaltung« reiten soll.[15] Ferner gibt es den Kunstgriff, strategische Information nur möglichst wenigen und während möglichst kurzer Zeit anzuvertrauen, weil man davon ausgeht, daß jeder Eingeweihte ein zusätzliches Sicherheitsrisiko bedeutet. Außerdem kann der Beobachtete (unter dem Einfluß der Spieltheorie) einen Zug nach einem Zufallsverfahren auswählen, das er selbst nicht beeinflussen kann, so daß gewährleistet ist, daß der Beobachter nicht in der Lage ist, die Entscheidung vorher ausfindig zu machen – und manchmal kann es im Interesse des Beobachteten liegen, daß der Beobachter auch weiß, daß dieses Verfahren angewandt wird.

Hat sich der Beobachtete noch nicht zu einer Handlungsweise entschlossen, so kann er den Anschein erwecken, als hätte er es; und wenn er sich entschlossen hat, kann er den Anschein erwecken, als hätte er es noch nicht. Er kann auch einen Handlungsablauf vortäuschen, wenn er seinen wirklichen noch nicht begonnen oder einen anderen begonnen hat. Man beachte den Unterschied zwischen dem Ausführen einer täuschenden Handlung, etwa wenn Militärs einen Scheinangriff durchführen, um die Abwehrhandlungen des Gegners in eine falsche Richtung zu lenken, und dem Erwecken eines gezielt falschen Anscheins über eigene Annahmen, Einstellungen und Bewertungen. Führen wir ein nichtmilitärisches Beispiel an:

> »Florenz (Italien). – Die führenden italienischen Designer könnten bald zu ihrem Leidwesen erfahren müssen, daß lautstarker Beifall nicht unbedingt gefüllte Kassen bedeutet.
>
> Von den 50 amerikanischen Käufern bei der Frühlingsmodenschau im Palazzo Pitti gaben mehrere hinter vorgehaltener Hand zu, daß sie nie *den* Kreationen der haute couture applaudierten, die sie am besten fanden. Sie möchten ihre Konkurrenz nicht wissen lassen, was sie bestellen werden.
>
> Dagegen applaudierten sie enthusiastisch aller möglichen Sportkleidung, Boutiquenware und Modellen, die sie niemals in ihrem Geschäft anbieten würden.«[16]

Der Beobachtete kann nun des weiteren auch dem Beobachter »Darstellungen« und »Erklärungen« liefern, nämlich sprachliche Manöver, die dessen sonst fällige Einschätzung grundlegend verändern. Und hier sieht man natürlich ganz deutlich, daß Individuen als Spielteilnehmer eine besondere Eigenschaft haben, die sie von anderen Requisiten in Ausdrucksspielen scharf abhebt. Wird zum Beispiel erkannt, daß eine Flugplatzattrappe aus Leinwand und Holz besteht, so muß sie die Enttarnung hinnehmen; wird aber ein menschlicher Täuscher durchschaut, so hat er oft in einem kurzen Moment die Gelegenheit, erfinderisch eine Erklärung und Ausrede auf die Beine zu stellen, die den Verdacht beschwichtigt. Ein Versteck, das der Beobachter entdeckt, bleibt wehrlos entdeckt; eine Person, die in flagranti ertappt wird, kann sich manchmal herausreden.

Es dürfte deutlich sein, daß die bisher betrachteten Methoden der Eindrucksmanipulation alle mit einer Art Vernebelung, mit einer Art »Rauschen« arbeiten.[17] Doch natürlich gibt es, wie gesagt, Gelegenheiten, bei denen der Beobachtete alles andere lieber als ein Geräusch erzeugen möchte. Manchmal findet er es vorteilhaft, so unmißverständlich wie möglich zu zeigen, was er getan hat oder zu tun beabsichtigt, oder was seine Entschlüsse, seine Hilfsmittel, seine Kenntnisse usw. sind – ein Manöver, das sich wegen des Wertes der Abschreckung ganz besonders empfiehlt; ein Beispiel ist die Bekanntgabe militärischer Errungenschaften durch die Staatsführung, die für gewöhnlich geheimgehalten werden. Doch auch hier sind Ausdrucksspiele keineswegs ausgeschlossen.

Des weiteren können an einem Ausdrucksspiel Parteien mit ganz oder teilweise gemeinsamen Zielen beteiligt sein, denn auch für sie kann es noch notwendig sein, die Ausdruckselemente der Partner zu lesen und dafür zu sorgen, daß ihre eigenen richtig gelesen werden. Gewöhnlich findet der Wettkampf zwischen Beobachter und Beobachtetem statt; in »Koordinationsspielen« kann man sich beide als gemeinsam gegen die Natur oder gegen andere solche Paare antretend denken, so etwa im Doppel-Bridge mit Punktwertung.

4. Bis jetzt haben wir drei grundlegende Züge betrachtet: den absichtslosen Zug, bei dem der Betreffende auf keinerlei Eindrucksmanipulation bedacht ist; den naiven Zug, bei dem der Beobachter Information aus einem Zug entnimmt, den er für einen absichtslosen hält; und den verbergenden Zug, mit dem der Beobachtete die Einschätzung durch den Beobachter zu beeinflussen versucht. Jetzt wollen wir uns einem vierten grundlegenden Zug zuwenden. Der Beobachter hat den Verdacht, daß das, was er als absichtslosen Zug hätte nehmen mögen, tatsächlich oder möglicherweise eine Vernebelung oder falsche Darstellung ist, daß die scheinbare offenherzige Tatsache durch und durch spielstrategische Manipulation und Berechnung sein könnte; mit diesem Verdacht im Kopf kann er nun versuchen, die scheinbaren Tatsachen zum Platzen zu bringen, zu durchschauen oder sonstwie durch sie hindurch bis zu den wirklichen Tatsachen zu dringen. Der Beobachter macht einen *Aufdeckungs-Zug*.

Ein ganz häufiger Aufdeckungs-Zug ist die Durchführung irgendeiner Untersuchung. Manche Untersuchungen konzentrieren sich auf die vom Beobachteten hinterlassene Spur, gewissermaßen seine Fährte. Andere bestehen in einer Art Befragung und sind auf seine Gegenwart angewiesen. Sie unterscheiden sich untereinander stark bezüglich der strategischen Bedingungen, unter denen sie ablaufen. Es gibt verdeckte Befragungen, bei denen sich der Beobachter so behutsam vorzugehen bemüht, daß der Beobachtete – so die Hoffnung – nicht erkennt, daß Information gesammelt wird, so daß er zu einem absichtslosen Zug verleitet ist. Es gibt medizinische Untersuchungen, die prüfen wollen, ob der Betreffende wirklich krank (oder wirklich gesund) ist, indem sie besonders geschulte Diagnostiker einsetzen. Es gibt gerichtliche Zeugenvernehmungen mit besonderen Sanktionen für wissentliche Falschaussagen. Es gibt Inquisitionsverhöre mit übernatürlichen Mitteln zur Entscheidung darüber, ob der Befragte irgendetwas zu verbergen versucht. Und natürlich gibt es Verhöre, bei denen der Beobachter ein amtliches Recht hat, sehr viele Fragen zu stellen, und der Befragte gewisse Gründe hat, für den – richtigen oder falschen – Anschein zu sorgen, daß er dem Verhörenden bei der Informationsgewinnung behilflich sein möchte. (Der Verhörende kann eine Fülle bekannter Aufdeckungsmethoden anwenden, angefangen mit der Überwachung der Reaktionen des autonomen Nervensystems beim Befragten zwecks Prüfung, ob er offen redet, bis hin zu sogenannten »Fangfragen« – auf die die Antwort *scheinbar* von einem Befragten gefunden werden kann, der sie nicht weiß, aber den gegenteiligen Anschein erwecken möchte.)

Eine andere verbreitete Methode ist das Ausspähen. Der Beobachter kann versuchen, in verschlossene oder verborgene Behälter einzudringen und ihren Inhalt festzustellen. Er kann versuchen, den Beobachteten zu überwachen, wenn er es nicht ahnt und an seinem Verhalten nichts verhüllen zu müssen glaubt.

Eine interessante Seite vieler Aufdeckungsmethoden hängt mit dem Menschsein des Spielenden selbst zusammen, mit den strategischen Schwächen der Menschen als Subjekte.

Wie schon gesagt, muß der Beobachter bei der Einschätzung der Situation eines Beobachteten auf sein Verständnis entsprechender Objekte zurückgreifen und sich so weit wie möglich in sie hineinversetzen, um sein Verhalten vorauszusagen. Hat er es mit einem unbelebten Beobachtungsgegenstand zu tun, so kann die Voraussage seines möglichen

Verhaltens eine wohlabgegrenzte Aufgabe sein, die sich einfach auf die besonderen Erfahrungen mit derartigen Gegenständen reduziert, die dem Beobachter gegebenenfalls vorliegen oder die er sich noch beschaffen kann. Ist der Beobachtete wie der Beobachter ein Mensch, vor allem einer aus dessen eigener Kultur, dann wird das »Ausknobeln« zu etwas, mit dem man inniger verwachsen kann. Eine wichtige Seite der Situation des Menschen als Beobachteten sind seine Beweggründe und Absichten, und diese haben die besondere Eigenschaft, daß sie zwar niemandem unmittelbar zugänglich sein können außer demjenigen, in dessen Bewußtsein sie auftreten, trotzdem aber von einem Beobachter vollständiger einfühlend erfaßt werden können als irgendetwas im Zusammenhang mit Unbelebtem. Beweggründe und Absichten bilden einen grundlegenden Bestandteil der Situation des Beobachteten, und sie führen dazu, daß er etwas ist, was völlig mißverstanden oder auch: nur allzugut verstanden werden kann. Eine grundlegende Möglichkeit, hinter den vom Beobachteten anscheinend vorgezogenen Schleier zu dringen, ist also die einfühlende Ermittlung seiner Beweggründe und Absichten; und umgekehrt ist ein Hauptgrund für die Enttarnung eines Beobachteten die Ermittlung seiner Beweggründe und Absichten.

5. Genau wie den Beobachteten klar sein kann, daß sie ihre Handlungen und Worte maskieren müssen, so kann ihnen auch klar sein, daß sich auf ihre Steuerungsmethoden Verdacht richten kann, daß ihre Deckmäntel durchstoßen werden können, und daß es nötig werden kann, dem entgegenzuwirken, nämlich mit *Gegenzügen gegen das Aufgedecktwerden.* Das scheint mir der letzte und oft sehr wirksame Zug in einem Ausdrucksspiel zu sein.[18] Die bloße Neigung des Beobachters, dem Beobachteten zu mißtrauen und nach Möglichkeiten zu suchen, seinen Schleier zu durchdringen, läßt ihn sich auf die ganz besonderen Zeichen konzentrieren, die für ihn großes Gewicht haben; und wenn diese vom Beobachteten herausgefunden und vorgetäuscht werden können, so steht dieser faktisch einem unbefangenen Gegner gegenüber. Den größten Vorteil hat der Beobachtete, wenn es ihm gelingt, dem Beobachter den falschen Eindruck zu vermitteln, *er* habe einen Vorteil – das ist das eigentliche Kernstück des Schwindelmanövers »aus dem Handgelenk«.

Gegenzüge gegen das Aufgedecktwerden werden oft im Hinblick auf bestimmte soziale Ereignisse ausgeführt, die sonst verräterisch wären. Sorensen liefert in seinen Erinnerungen an die Kennedy-Jahre folgendes Beispiel: Um dem Verdacht der Presse entgegenzutreten, es sei zu einer Krise im Zusammenhang mit auf Kuba stationierten Angriffsraketen gekommen, trafen die Mitglieder des Nationalen Sicherheitsrats zu einer entscheidenden Sitzung im ovalen Zimmer des Weißen Hauses zu verschiedenen Zeiten ein und benutzten verschiedene Eingänge.[19] Während der Krise hielt Kennedy scheinbar an seinen gewöhnlichen Terminen fest, um keinen Verdacht aufkommen zu lassen. [20] Ein anderes Beispiel ist das lückenhafte Alibi: Der Beobachtete spürt, daß der Beobachter einem untadeligen, fugendichten Alibi mißtrauen würde, einem, das alle Einzelheiten unabweislich abdeckt, genau wie es jemand vorlegen würde, der unbedingt auf eines Wert zu legen hat; deshalb wird absichtlich ein unvollständiges Alibi vorgelegt, auch wenn ein besseres durchaus beschafft werden könnte. Ähnlich kann der Beobachtete seine eigene Enttarnung einfädeln, so daß das, was da ans Tageslicht kommt (manchmal in Form einer sogenannten »in Reserve gehaltenen Darstellung«), unkritisch als die eigentliche Wirklichkeit genommen wird, umso mehr, wenn die Enthüllung höchst unschmeichelhaft ist.[21]

Gegenzüge gegen das Aufgedecktwerden können natürlich auf die grundlegenden Informationsquellen zielen, die mit allen Beobachteten verbunden sind.

Da ist zuerst der physiologische Ausdruck, das Symptomrepertoire des Beobachteten selbst. (Die wichtigste Annahme hier ist die, daß »emotionale Ausdruckselemente«, vor allem solche des Gesichtsausdrucks, irgendwie die inneren Gefühle, Haltungen, Wünsche usw. abbilden oder verraten.) Margaret Mead liefert in ihrer Behandlung des sowjetischen Verhaltens ein Beispiel dafür, wie diesem Ausdruck entgegengewirkt wird:

> »Hand in Hand mit der Forderung, daß alles Verhalten auf die Parteiziele hingeordnet sein soll, geht die Forderung, daß das Parteimitglied sich selbst als Werkzeug zur Ausführung der Anweisungen der Partei begreifen soll, aber jederzeit als bewußtes Werkzeug, das sich willig der Parteidisziplin unterwirft. Und die Disziplin muß sehr streng sein und alle Einzelheiten an ihm, jede seiner Bewegungen kontrollieren. Eine Informantin berichtet etwa von einer Begegnung mit einem sowjetischen Professor in Berlin, der ihr erzählte, er rauche Pfeife, ›weil beim Pfeifenrauchen das Gesicht nicht viel verrät‹. Dann fügte er hinzu: ›Sehen Sie, das haben wir in der Sowjetära gelernt. Vor der Revolution pflegten wir zu sagen, die Augen seien der Spiegel der Seele. Doch die Augen können lügen – und wie. Man kann

mit seinen Augen eine hingebungsvolle Aufmerksamkeit ausdrücken, die man gar nicht empfindet. Man kann Heiterkeit oder Überraschung ausdrücken. Ich beobachte oft mein Gesicht im Spiegel, ehe ich zu Versammlungen oder Kundgebungen gehe, und ... plötzlich wurde mir klar, daß sich meine Lippen schon bei einer enttäuschenden Erinnerung zusammenkniffen. Deshalb fühlt man sich so sicher, wenn man eine schwere Pfeife raucht. Durch ihr Gewicht werden die Lippen verformt und können nicht spontan reagieren.‹« [22]

Hieraus ergibt sich, daß der Beobachtete daran denken muß, daß man seinen Äußerungen nicht glaubt und sie mit seinem Gesichtsausdruck vergleicht, um Unstimmigkeiten zu finden, und deshalb muß der Gesichtsausdruck kontrolliert werden, damit er nichts verrät. Das strategische Spiel mit dem Symptomrepertoire kann auch noch tiefer gehen. So setzen die Leiter von Heimen der Inneren Mission, die den Alkohol bekämpfen, manchmal einen »Kontrolleur« ein, der aufpassen soll, daß Alkoholiker, die schlafen gehen wollen und nüchtern wirken, nicht doch eine Fahne haben. Ein Schlafgast, der eine Fahne hat, muß lernen, etwas gegen diesen aufdeckenden Zug zu unternehmen:

»Die Schnüffler in der Portiersloge kriegen dich ziemlich sicher. Von manchen Leuten werden sie aber doch reingelegt, die haben Fläschchen mit Zeug, das dir den Atem glatt desinfiziert. Ich habe eine Tube Zahnpasta in der Manteltasche, und ein paar Häuser vor dem Missionsheim drück' ich mir davon einiges in den Mund und kau' es schön durch und geh geradewegs zum Portier und kriege meinen Schlüssel – die können mir nichts anhaben.«[23]

Experten können das noch einen Schritt weitertreiben. Ein Soldat etwa, der wegen Krankheit vom Dienst befreit werden möchte, steht vor der Tatsache, daß die Militärärzte wissen, welchen Symptomkomplex jemand haben muß, wenn seine Krankmeldung begründet sein soll, und daß er, der Soldat, das entweder nicht weiß oder aber nicht weiß, wie er die Symptome erzeugen soll. Doch im letzten Krieg wurde das Spiel des Krankmeldens von den *British Special Operations* eine Stufe höher gehoben. Gefälschte deutsche Proviantpackungen wurden an deutsche Soldaten verteilt. Sie enthielten Anleitungen und Behälter mit Chemikalien, mit denen man die Symptome der großen Infektionskrankheiten so überzeugend simulieren konnte, daß die deutschen Militärärzte anscheinend überhaupt keinem Symptom mehr trauten.[24]

Als nächstes haben wir »Identitätsetiketten« zu betrachten, nämlich amtlich anerkannte Urkunden, die eine Person an ihre Biographie ketten. Pässe etwa sind Beispiele für jene Urkunden, die jemandes Anspruch auf etwas begründen sollen, indem er mit einem Dokument versehen wird, das offiziell unfälschbar zu sein hat. Solche Dokumente sind natürlich eine Art offene Herausforderung; es wird eingestanden, daß ein Ausdrucksspiel im Gange ist, und daß jemand, der sich anders darstellen möchte, durch Identifikationsvorkehrungen zu Fall gebracht werden wird. Und da ist es kein Wunder, daß die Betroffenen manchmal die Herausforderung annehmen und versuchen, den Dokumentenverwalter bei dem von ihm selbst eingeführten Spiel zu schlagen. Interessanter ist, daß zu diesem Zug gelegentlich umfangreiche technische Mittel im Dienst einer spezialisierten Gegenaktion gegen das Aufgedecktwerden aufgeboten werden:

»Ich beschloß, daß als allererstes eine Dokumentenwerkstatt eingerichtet werden müsse – und das nun war eine faszinierende, pedantische Aufgabe auf Leben und Tod. Es lag auf der Hand, daß es um jeden Spion oder Saboteur, den das OSS [amerikanischer Geheimdienst, d. Ü.] hinter die feindlichen Linien brachte, sehr bald geschehen sein würde, wenn nicht alles untadelig war: Paß, Arbeitspapiere, Lebensmittelkarten, Geld, Briefe und die hundert kleinen Dokumente, mit denen er seinen angeblichen Status erklären konnte. Von diesen Kleinigkeiten hing Leben und Tod des Agenten ab.

Und die feindlichen Dokumente konnten nicht einmal auf gewöhnliche Weise nachgemacht werden. Diese ganzen Dokumente waren mit streng geheimen Sicherheitsvorkehrungen ausgestattet, um ihre Fälschung unmöglich zu machen. Selbst das Papier, auf das sie gedruckt oder geprägt waren, bestand aus Spezialfasern, nicht zu reden von unsichtbarer Tintenschrift, Trick-Wasserzeichen und besonderen in das Papier eingearbeiteten Chemikalien, die es der deutschen oder japanischen Spionageabwehr ermöglichten, ein gefälschtes oder ungültiges Dokument auf der Stelle zu erkennen.« [25]

Identitätsetiketten sind die am stärksten institutionalisierten der hier betrachteten Ausdruckselemente. Außerdem gibt es informelle, etwa die Erinnerung an wichtige Lebensverhältnisse, so die Namen von Geschwistern, früheren Arbeitgebern, Wohnorten, Schulen, Militäreinheiten usw. Noch informeller ist das Wissen – darunter auch Ortskenntnisse –, das man von jedem erwarten kann, der an einem bestimmten Ort gewohnt haben will. Kurz, er braucht eine lokale kognitive Orientierung. Cookridge gibt eine Schilderung:

> »Die erste Voraussetzung dafür, daß ein Agent im Einsatz überhaupt überlebte, geschweige denn eine seiner Aufgaben erfüllen konnte, war die vollkommene Beherrschung der betreffenden Sprache. Das bedeutete viel mehr, als daß er sie fließend sprechen konnte. Er mußte sich als ›Einheimischer‹ benehmen, um nicht aufzufallen. Man denke an die vielen Kleinigkeiten an Wissen und Erfahrung, die man besitzt, nur weil man in einem Land aufgewachsen ist oder lebt – man muß Kinderverse, Sprichwörter, Lieder kennen; man muß die Namen einiger berühmter Sportler und Filmschauspieler kennen; man muß die gesellschaftlichen Haltungen kennen, in denen sich unter anderem Klassen- und Konfessionsunterschiede ausdrücken, ob sie nun mit Essen und Trinken, mit Religion oder Sitten zu tun haben – das alles gehört dazu, wenn man mit dem Hintergrund verschmelzen will. Und natürlich mußte der Agent, der als Fremder plötzlich von nirgendwo kam, eine Heimat, Schicht, Familie, Beruf und vollständige eigene Identität haben, die er als die Erfahrung eines ganzen Lebens ausgeben konnte; sonst hätte er auf die Leute irgendwie seltsam und befangen gewirkt.« [26]

Neben den kognitiven gibt es verhaltensmäßige Aspekte. Der Beobachtete muß einigermaßen auf die vielen kleinen persönlichen und sozialen Verhaltensformen achten, die ihn nach Alter, Geschlecht, Rasse, Schicht, Heimat und Nationalität nicht als den erscheinen lassen könnten, der er zu sein behauptet. [27]

Eine andere Quelle von Ausdruckselementen sind die Kleinigkeiten des Milieus, die der Person oder dem Eindruck, den sie macht, anhaften. Wer sich als ein anderer ausgibt, tut also gut daran, das Szenenbild zurechtzurücken. Das ist besonders deutlich bei der geheimdienstlichen Praxis der »Authentizitätserzeugung«, d.h. der Sorge dafür, daß nicht nur die Haupt-, sondern auch die Nebenbestandteile der Szene beachtet und manipuliert worden sind:

> »Auch ein eilig oder gar nicht ausgebildeter Agent hatte durchaus Erfolgsaussichten, wenn er angemessen authentifiziert war. Das war der dritte Schritt im OSS-Verfahren, und es ist eine so schwierige Kunst wie die Uhrmacherei, und eine so präzise wie die eines Augen-Chirurgen.
>
> Ein Agent, der sich in einem besetzten Land bewegt, muß die dortige Kleidung tragen. Durch die geringste Abweichung verrät er sich. Eine amerikanische Wäscherei- oder Reinigungsmarke zum Beispiel käme einem Todesurteil gleich; doch diese Marken lassen sich nicht entfernen. Man mußte sie herausschneiden und einen Flicken darübernähen, was aber verdächtig und so nicht vollkommen wirksam war. Andere Möglichkeiten, sich zu verraten, sind: die Art, wie Knöpfe angenäht sind – in Amerika macht man es über Kreuz, in Europa parallel; das Futter – in Europa wird ganz gefüttert; die Hosenschnallen – in Europa tragen sie die Aufschrift des Herstel-

lungslandes; die Hosenträgerknöpfe – in jedem europäischen Land tragen sie das Markenzeichen ›Elegant‹, ›For Gentlemen‹ oder ›Mode de Paris‹.

Und nicht nur auf die Kleidung mußte man achten. Wenn ein Mann in Deutschland, Frankreich, Griechenland unversehens ein englisches Streichholz, eine amerikanische Zigarette oder ein nicht in Europa hergestelltes Messer aus der Tasche zog, dann sagte er jedem, der ihm zusah, unwissentlich, aber klipp und klar: ›Ich bin ein Spion.‹ Die Kleidung eines Agenten und die Alltagskleinigkeiten, die er in der Tasche hatte, waren genau so wichtig wie seine Sprachkenntnis und seine verschiedenen Pässe.«[28]

Interessanterweise kann ein Agent, der damit rechnet, auf nebensächliche Authentizitätsbeweise hin untersucht zu werden, manches auf diesem Gebiet bereitstellen, worum man sich sonst vielleicht nicht gekümmert hätte. Er kann genau die kleinen Hinterlassenschaften einer Person künstlich herstellen, anhand derer schlaue Beobachter vielleicht eine amtlich beglaubigte, aber möglicherweise falsche Selbstdarstellung überprüfen:

»Die Sicherheitsbeamten aller Länder wissen aus Erfahrung, daß ein angesehener Beruf unter Umständen nur ein Deckmantel für verbotene Tätigkeiten ist, und daß die materielle Echtheit eines Passes nicht unbedingt beweist, daß er auch rechtmäßig dem Inhaber gehört. Wenn daher Sicherheitsbehörden Verdacht bezüglich der Identität eines Ausländers in ihrem Lande schöpfen, so versuchen sie sich Zusatzdaten zu beschaffen, die etwas über ihn aussagen könnten. Zuerst suchen sie in der Wohnung des Verdächtigen nach solchem Material. Sie verschaffen sich insgeheim Zugang zu seinen Räumen (das ist natürlich ungesetzlich, wird aber in jedem Lande praktiziert) und untersuchen seine persönlichen Habseligkeiten, Briefe und die Taschen seiner Kleider im Schrank.

Deshalb hat der NKWD-Geheimdienst die sogenannte ›Geheimdemonstration‹ entwickelt, die sich in einigen bekanntgewordenen Fällen als höchst wirksam erwies. Dabei bringt der sowjetische Agent in seiner Wohnung eine Reihe von Hinweisen an, die den geheimen Eindringlingen, wenn ihr Auge darauf fällt, beweisen, daß der Fremde tatsächlich die Person ist, als die er sich ausgibt. Führt etwa der Agent einen kanadischen Paß, so gehören zu seinen Habseligkeiten ein paar alte Postkarten an seine frühere Anschrift in Montreal mit richtigem Poststempel, eine U-Bahn-Zeitkarte, die Leserkarte einer öffentlichen Bibliothek aus seiner Heimatstadt, ausgestellt auf seinen Namen, eine Mitgliedskarte eines kanadischen Klubs, ein Originaltelegramm, das an sein Geschäft gegangen war. Der bloße Anblick einer Tube kanadischer Zahnpasta oder von Gebrauchsgegenständen, die es nur in Kanada oder den Vereinigten Staaten gibt, ein Kassenzettel eines kanadischen Einzelhandelsgeschäfts in der Westentasche des Agenten oder eine zerknitterte Busfahrkarte ist für die Fahnder ein objektiver Beweis.«[29]

Eine abschließende Bemerkung über Gegenzüge gegen das Aufgedecktwerden im besonderen und über die anderen Züge im allgemeinen. Ausdrucksspiele sind einer ständigen Entwicklung und Veränderung unterworfen, da neue Hinweise entdeckt [30], vollkommenere Beobachtungsinstrumente entwickelt [31] und einstmals geheime Methoden bekannt und damit weniger wirksam werden. [32] (Diese Entwicklungen sind natürlich nur ein Beispiel; andere haben zu tun mit der Entwicklung des Panzerschrankbaus und -Knackens, der Unterwasser-Tarn- und Jagdgeräte und so fort.) Zwei spezielle Entwicklungen bei den Ausdrucksspielen verdienen Erwähnung. Mit zunehmend differenziertem Verständnis für das, was die Körpersprache verrät, dürfte auch die Vorsicht bei der persönlichen Interaktion wachsen; jedenfalls wird sie neue Schwerpunkte anvisieren. Und ein zweites: Bei den jüngsten raschen Fortschritten der Überwachungstechnik muß man mit deren Einsatz in wesentlich mehr sozialen Situationen rechnen; und damit dürfte eine sorgfältigere Kontrolle bestimmter Ausdruckselemente einhergehen sowie eine zunehmende Bereitschaft, andere aufdecken zu lassen.

3 Die Einschränkungen für das Spiel

Wer Ausdrucksspiele analysieren möchte, der muß auch die unbeeinflußbaren Rahmenbedingungen beachten, denen sich die Spieler gegenübersehen, sobald sie sich auf ein Ausdrucksspiel einlassen. Denn die dem Beobachteten offenstehenden Züge bestimmen sich nach den Einschränkungen für das Spiel, vor denen der Beobachter steht, genau wie die *ihm* offenstehenden Züge nach den Einschränkungen für den Beobachteten. Was für die eine Seite eine Beschränkung ist, kann die andere zu ihrem Vorteil ausnutzen. Außerdem gibt es noch ähnliche Einschränkungen für Beobachteten *und* Beobachter.

1. Die erste Einschränkung leitet sich vom Zusammenwirken dreier materieller Faktoren her: was verborgen werden soll, was zum Verbergen benützt werden soll, und welche Beobachtungsmöglichkeiten diejenigen haben, vor denen etwas verborgen werden soll. Diese Faktoren bestimmen zusammen sowohl die Möglichkeiten des Verbergens als auch die augenblicklich unvermeidlichen Beschränkungen des Verbergens. So kann man im Kriege eine Fabrik so tarnen, daß sie aus der Luft wie ein Krankenhaus aussieht, aber Bodentruppen, die in die

Nähe kommen, lassen sich womöglich nicht täuschen. Der genaue Ort und Zeitpunkt einer größeren Invasion läßt sich vielleicht geheimhalten, doch die nötigen Kampfverbände und Nachschubeinheiten sind oft so umfangreich, daß man gar nicht mehr versucht, sie vor irgendwelchen Interessierten zu verbergen [33], und die Planung ist oft so kompliziert und im Ablauf verschränkt, daß die Aktion, einmal angelaufen, praktisch nicht mehr verschoben werden kann.[34] Ein Turnpferd kann den Eingang eines Fluchttunnels sehr gut verbergen und wurde auch schon dazu verwendet, doch wenn eine ganze Kompanie von Bewaffneten versteckt werden muß, dann muß man sich in die Größenordnung des Trojanischen Pferdes begeben. Ein Mensch kann eine Phiole mit Drogen mittels eines Suppositoriums verstecken, aber wenn es um eine ganze Schachtel geht, braucht man schon ein Kamel. Hätte die britische S.O.E. für ihre Geheimtätigkeit in Europa im Zweiten Weltkrieg amerikanische Banknoten hohen Werts verwenden können, so hätte man diese ohne Aufsehen in einem Luftpostsack nach London schicken können. Doch da das Geld in Fünf- und Zehndollarnoten gebraucht wurde, mußten voluminöse Sendungen diskret abgewickelt werden.[35] Ein Bankräuber kann an seinem Körper leicht 20 oder 30 Geldscheine hohen Werts verbergen, aber wenn er so dumm ist, zehn Rollen mit Pfennigen und zwei Rollen mit Groschen zusammenzuraffen, dann können ihn seine Hosentaschen verraten, wenn er versucht, ganz »normal« die Straße hinunterzugehen.[36] Wie schon gesagt, verändern sich durch die technische Entwicklung ständig die Beziehungen zwischen Verborgenem, Verbergendem und Spähwahrnehmung; beim heutigen Stand der Mikrofotografie kann man hinter einer Briefmarke eine ganze Seite Text verbergen.

2. Eine allgemeine Einschränkung des Spiels sind die technischen Kenntnisse und Fähigkeiten der Beteiligten.

Weiß ein Beobachteter nicht über die in seiner Situation vorkommenden Hinweise Bescheid, aus denen ein Beobachter, der Bescheid weiß, etwas entnehmen kann, dann kann sie der Beobachtete kaum verschleiern (oder herausstreichen), sofern er es überhaupt wollte. Hier haben wir natürlich eine der Grundvoraussetzungen projektiver Tests wie des Rorschachtests vor uns; man geht davon aus, daß die Menschen ihr Ausdrucksverhalten kontrollieren, und daß man daher Ausdruckselemente verwerten muß, die ihnen nicht bewußt sind. Wie schon im Zusammenhang mit Pannen auf dem Gebiet der kulturellen

Verhaltensweisen erwähnt, liegt hier eines der besonderen Probleme von Geheimagenten und anderen Personen, die sich als Angehörige einer fremden Kultur ausgeben wollen. Die Einheimischen ahnen gar nicht, wie ausgezeichnete Spürhunde sie ganz von selbst sind, bis sie einmal auf einen Fremden stoßen, der sich als Einheimischer ausgibt. Wie man etwas von jeher Selbstverständliches eigentlich macht, das fällt plötzlich auf, wenn jemand unversehens dasselbe anders macht, etwa wenn er die Milch vor dem Tee in die Tasse gießt oder die Vier mit einem Schrägstrich schreibt [37] oder das Kuchenstück an der Spitze statt an der Seite zu essen anfängt.

Der Beobachter muß sich mit ähnlichen Einschränkungen für sein Spielverhalten auseinandersetzen. So können zum Beispiel klinisch erfahrene Ärzte oft wirklich kranke Soldaten von Simulanten unterscheiden; Nichtärzte pflegen hier weniger zu leisten. Und die Unterscheidung von echt und gefälscht ist keineswegs der einzige Punkt, an dem technisches Wissen gefordert ist. Hat der Beobachter endlich das Echte vor sich, so ist er wenig nütze, wenn er nicht fähig ist, mit dem Gesehenen etwas anzufangen. Die moderne fortgeschrittene Technik hat daher unseren Geheimdiensten große Schwierigkeiten gebracht:

»... Leute, die dazu ausgebildet sind, [Zugangshindernisse] zu durchbrechen, haben im allgemeinen nicht die technischen Kenntnisse für einen brauchbaren Bericht über die heutigen komplizierten Objekte. Wenn man nichts von Kernreaktoren versteht, kann man nicht viel an einem entdecken, auch wenn man genau davorsteht.« [38]

3. Eine dritte Gruppe von Einschränkungen beim Einschätzungsspiel hängt mit dem zusammen, was man im Alltagssinne als die Grundeigenschaften von Menschen als Spielern bezeichnen könnte – ihre allzumenschlichen Züge, vor allem als Beobachtete.

Eine solche Einschränkung ist die der *emotionalen Selbstbeherrschung*. Wenn es um sehr viel geht oder die Neigung zum Ausbrechen groß ist, dann braucht der Beobachtete viel Selbstbeherrschung, wenn er nicht durch Anzeichen der Unruhe verraten will, daß der gegen ihn gerichtete Vorwurf oder Verdacht richtig ist. Ein schuldbewußtes Aussehen, ein verstohlener Seitenblick, ein verlegenes Zögern – das verrät nicht gerade die Tatsachen selbst, aber die Tatsache, daß er die Tatsachen kennt. Eckman spricht von »Hinweisen auf Täuschung« im Unterschied zum »Durchsickern« der eigentlichen Information.[39] Ja, auch wenn jemand weiß, daß er verhört wird und worauf es dem

Beobachter ankommt, könnte er feststellen müssen, daß er bestimmte Seiten seines Ausdrucksverhaltens nicht kontrollieren kann. So kann sich ein Patient gegenüber seinem Zahnarzt noch so mutig geben, der Zahnarzt kann seine Angst anhand der Art der Speichelabsonderung abschätzen – und dieses Symptom dürfte der Patient nicht so leicht willkürlich beeinflussen können, selbst wenn er erführe, daß er sich dadurch verrät. Oder: auch wenn einem Flugschüler eine nahezu vollkommene Landung gelingt, kann der Fluglehrer anhand der erzeugten Körperwärme beurteilen, in welchem Grade sich der Schüler unter Druck gefühlt hat. Ein weiteres Beispiel sind die physiologischen Indikatoren, die der Polygraph heranzieht.[40]

Hier gewinnt – das sollte man beachten – die Untersuchung von Ausdrucksspielen wesentliche Bedeutung für die Untersuchung des unmittelbaren sozialen Kontakts. Ob sich jemand passend verhält, hängt weitgehend von der Richtung seines Engagements ab: er muß sich für die richtigen Dinge interessieren und andere ignorieren.[41] Dieses Engagement liefert gegenstandsnahe Kategorien für den persönlichen Kontakt. Eine Gesprächssituation zum Beispiel beruht auf der Beteiligung der passenden Personen, genau wie die benachbarten Unterhaltungen den Anspruch auf höfliche Nichtbeachtung haben. Es findet eine ständige Überwachung statt, jeder prüft die Stabilität der Situation, indem er nachsieht, ob niemand Unpassendes teilnimmt, und dies dadurch, daß er prüft, worauf jeder Anwesende offenbar seine Aufmerksamkeit richtet. Die wichtigste Informationsquelle hierfür ist wohl die wahrnehmbare Blickrichtung des Betreffenden. Angesichts dieser Verhältnisse ist es verständlich, daß jemand, der das Gefühl hat, er interessiere sich für etwas Unpassendes, seine Blickrichtung zu verbergen oder sonstwie sein Interesse zu verschleiern sucht. (Wenn sich daher jemand herumdreht und dabei feststellt, daß er anscheinend beobachtet worden ist, so fährt er vielleicht fort, als sähe er sich bloß so im Zimmer um, damit nicht deutlich wird, daß er sich für jemanden interessiert, für den er sich eigentlich nicht interessieren sollte. Oder wenn ein Mädchen einen Jungen küßt, dann zieht es vielleicht vor, die Augen zuzumachen, damit er, wenn er seine aufmacht, nicht sehen kann, daß es sich für etwas anderes interessiert, und dabei noch sieht, daß es gesehen hat, daß er es gesehen hat.) Der springende Punkt ist nun, daß man dieses Ausdrucksverhalten nur selten vollkommen beherrschen kann. Versucht jemand zu verbergen, daß er auf etwas Gegenwärtiges achtet, so verrät er sich fast sicher durch Ausdruckselemente, die er und die anderen als Anzeichen von Befangenheit und Sich-nicht-wohl-Fühlen verstehen. Und je mehr er sich um die Verschleierung seines tatsächlichen Interesses bemüht, desto befangener könnte er erscheinen. Hier haben wir also einen wesentlichen Punkt der sozialen Organisation von Personen vor uns, die voreinander anwesend sind, und auch etwas Wesentliches auf dem Gebiet der natürlichen Behinderungen von Spielern, die unter den Augen des Gegners spielen müssen. Übrigens macht es diese Unfähigkeit zum Unterdrükken von warnenden Anzeichen der Befangenheit verhältnismäßig ungefährlich, sich in jemandes Nähe zu befinden.

Ich sagte, man könne nicht davon ausgehen, daß die Menschen ihr Ausdrucksverhalten unter strategischen Gesichtspunkten vollkommen kontrollieren können. Einer ähnlichen menschlichen Schwäche ist die Aufrechterhaltung der Verstandeskontrolle unterworfen. Wenn jemand lange befragt werden kann und dabei viele Aussagen macht, kann es für ihn verstandesmäßig schwierig werden, sich nicht durch Widersprüche und Versehen zu verraten. Gerissene Reporter spielen dieses Spiel gegen Regierungsvertreter.[42]

Die strategische Bedeutung der beschränkten Fähigkeit zur emotionalen und verstandesmäßigen Kontrolle zeigt sich sehr schön an den wohlentwickelten Methoden des Polizeiverhörs.[43] Der Verhörende geht davon aus, daß der Verhörte entweder nicht weiß, daß der Verhörende wichtige Tatsachen kennt, oder daß er weiß, daß er sie kennt und dies zu verbergen sucht. Dann macht sich der Verhörende daran, die Fähigkeiten des Verhörten als strategischen Spielers bis zum Zerreißen zu beanspruchen. Dazu verhält er sich auf eine Weise oder macht Andeutungen, die darauf abzielen, das Opfer »nervös« zu machen und zu halten und ihm die »Kontrolle« über sich selbst und die Situation zu nehmen, so daß er sich in dem Ausdrucksspiel nicht vollgültig engagieren kann.[44] Beim Polizeiverhör läßt man den Verhörten vielleicht lange warten [45]; man sagt ihm, Rauchen sei nicht gestattet [46]; man hindert ihn physisch daran, zu kritzeln, auf seinem Stuhl hin- und herzurücken oder sonstwie seine Nerven zu entspannen [47]; man redet ihn auf eine Art an, die ihn aus der Fassung bringt [48]; man reagiert mit sehr langen Schweigepausen [49]; oder man blickt ihm fest in die Augen.[50] Und wenn man dem Verhörten das Gefühl vermitteln kann, er spiele das Versteckspiel schlecht, dann kann eben dies seine Selbstbeherrschung und seine Fähigkeit zum Verbergen mindern:

»Ein Beschuldigter, dem man den Eindruck vermittelt, seine Erscheinung und sein Verhalten verrieten ihn, gerät dadurch in eine viel verletzlichere Position. Glaubt er, Anzeichen von Schuldgefühl zu zeigen, so wird sein Vertrauen in seine Fähigkeit zur Täuschung zerstört oder gemindert, und es trägt dazu bei, ihn von der Sinnlosigkeit weiteren Widerstands zu überzeugen. Und dieser Geisteszustand bringt ihn natürlich dem Geständnis ein ganzes Stück näher.[51]

Beschleunigter Puls in der Halsschlagader tritt zwar bei manchen Unschuldigen wie bei einer gewissen Anzahl Schuldiger auf; tritt er bei einem Verdächtigen auf, so wird man aber mit Vorteil darauf hinweisen.[52]

Aus ganz ähnlichen Gründen und in ganz ähnlicher Art wie unter Nr. 1 oben empfiehlt es sich, auf eine Überaktivität des Kehlkopfverschlusses oder des Adamsapfels hinzuweisen.[53]

Wenn ein Verhörter dem Verhörenden nicht geradeaus ins Gesicht blickt (sondern auf den Boden, die Wand oder die Decke), oder wenn er Unruhe zeigt, etwa mit dem Bein wippt oder den Fuß hin und her dreht, mit den Händen ringt, mit den Fingern klopft, an seinen Fingernägeln arbeitet oder mit Gegenständen wie der Krawattennadel oder dem Stift spielt, so tut der Verhörende gut daran, durchblicken zu lassen, daß er das bemerkt hat und als Anzeichen des Lügens betrachtet.«[54]

Wir haben hier einen direkten Verstoß gegen die Regeln der herkömmlichen Gesprächsinteraktion vor uns, nämlich daß bewußt etwas in den ausdrücklichen Mittelpunkt der Aufmerksamkeit gerückt wird, was für gewöhnlich ignoriert werden muß.[55]

Die menschliche Natur des Beobachteten erlegt seinem Spielverhalten eine weitere Einschränkung auf. Macht er einen instrumentellen Zug, so ist ihm das Auseinanderfallen von Anschein und Wirklichkeit bewußt. Um die Dinge in der Hand zu behalten, muß er hier, wie schon gesagt, all die vielen Anzeichen zuverlässig unterdrücken, durch die er sich verraten würde; er muß kühl und unverdächtig agieren, auch wenn der Beobachter der Sache näherkommt und die Entdekkung droht. Doch natürlich gehört noch ein weiteres dazu.

Bei Bewußtsein des Auseinanderfallens von Anschein und Wirklichkeit stehen dem Beobachteten die Worte zur Verfügung, die die wirklichen Verhältnisse beschreiben würden. Das ist eine besondere Gefährdung des Menschen als Beteiligtem. Ein Zimmer kann man nach vermißten Juwelen durchsuchen, aber man kann ihm nicht den Arm auf den Rücken drehen, damit es das Versteck verrät. Ein Hund kann das Versteck seines Herrn auf der Ausdrucksebene durch Blicke und Bewegungen verraten, und er kann auch absichtlich die Retter an den

Ort führen, wo sein Herr verletzt liegt; aber man kann ihn nicht dazu bringen, daß er »singt«. Bei Menschen kann man es – es sei denn, es gelänge ihnen, Tod, Verrücktheit oder Unwissenheit wirksam vorzutäuschen.

Hält also jemand Dinge wie Konterbande oder strategische Pläne versteckt, so muß er nicht nur die materiellen Probleme des Verbergens gut bewältigen und (was eine völlig andere Fähigkeit ist) über genügend emotionale und verstandesmäßige Selbstbeherrschung verfügen, um nicht unversehens strategische Information preiszugeben; außerdem darf er das Geheimnis auch nicht willentlich verraten. Wie schon gesagt, könnten Menschen als Spieler, wenn sie ertappt werden, sich mit überzeugenden Erklärungen aus der Affäre ziehen; doch aufgrund derselben Fähigkeit können sie auch die Tatsachen mitteilen, ehe diese anderweitig entdeckt sind.

Man kann sagen, daß jeder, der etwas verbirgt und dann verschwiegen bleibt, oder der etwas mitteilt, das er bisher verborgen gehalten hatte, so handelt, weil er den Eindruck hat, daß das seinen Interessen diene. Nun sind »Interessen« analytisch etwas Besonderes. Erstens können Menschen gemeinsame Interessen haben und haben sie auch oft, womit sie zu einer Gruppe werden, die gegen eine andere Gruppe in einem Ausdrucksspiel antritt. Zweitens kann man – außer vielleicht bei Unterhaltungsspielen – niemals sagen, jemand habe nur *ein* Interesse. Die Menschen sind nicht so. Gewöhnlich ist jemand natürlich offiziell im Sinne einer bestimmten Gruppe von Interessen tätig, und man geht mehr oder weniger davon aus, daß seine anderen Interessen zeitweilig beiseite gesetzt sind, wobei freilich deren nicht vorgesehenes Aufleben als solches unter bestimmten Bedingungen offiziell zugelassen sein kann. Dabei werden hauptsächlich Ort, Zeit und Gewicht berücksichtigt. Doch es können Ereignisse eintreten – oder herbeigeführt werden –, die diese ruhenden anderen Interessen plötzlich stark aktivieren. Dann tritt ein Konflikt, der schon immer drohte, offen zutage. Und so kommt es eben zur Aufdeckung durch Druck.[56] Indem die normalerweise inaktiven Interessen nachhaltig geweckt werden, wird der Betroffene faktisch gespalten, und eine dieser beiden ihren Interessen nachgehenden Persönlichkeiten geht mit dem Gegner eine Koalition ein.[57] Zur Aktivierung dieser Interessen gibt es Standardmethoden.

Da ist einmal die *Verführung* in ihren verschiedenen Formen. Der Beobachter verfolgt hier den Zweck, eine solche Definition der Situation zuwege zu bringen, daß der Beobachtete glaubt, den Beobachter wie eine Art Gruppenmitglied behandeln zu sollen, dem man (unter anderem) strategische Information ohne weiteres anvertrauen könne. Dazu beruft sich der Beobachter vielleicht auf moralische und religiöse Normen, die beim Beobachteten das Gefühl wecken sollen, daß beide denselben allgemeinen Interessen dienen – eine so simple Methode, daß sie einem Spieler mit Selbstachtung nicht anzustehen scheint, doch im täglichen Leben wird sie häufig und mit Erfolg angewendet.[58] Neben der Verführung durch ideologischen Appell gibt es die soziale: Der Beobachter kann eine solche soziale Beziehung zum Beobachteten aufbauen, daß dieser Offenheit und Vertrauen als natürlichen Ausdruck der Beziehung entwickelt. So setzen zum Beispiel verhörende Polizeibeamte zur Erlangung von Geständnissen systematisch moralisches Mitgefühl ein.[59] Darüber hinaus legen die Polizeiinstrukteure ihren Schülern besonders nahe, Spitzel »anständig« zu behandeln, als einer persönlichen Beziehung würdig (im Unterschied zu der allgemeinen Verachtung, die ihnen entgegengebracht wird), und zwar doch wohl deshalb, weil sich das auszahlt:

> »Die Fähigkeit des einzelnen Beamten oder der Rechtspflegebehörde, Informanten zu gewinnen und zu halten, scheint uns von vielen Gesichtspunkten abzuhängen, von denen der wichtigste der Ruf der Integrität und des fairen Handelns sein dürfte. Manchmal kann ein Polizist, der auf Augenblickserfolge aus ist, leicht einen Informanten mit Darstellungen und leichtfertigen Versprechungen gewinnen, die nachher nicht haltbar sind. Wird das aber in einem Polizeirevier geduldet, so wird man auch feststellen müssen, daß einem viel wertvolle Information vorenthalten bleibt. Die Fairness ist eine der höchsten menschlichen Tugenden. Der Beamte, der seine nützlichen Beziehungen zu den Informanten dauerhaft gestalten will, muß ihnen in allen Angelegenheiten, die sie persönlich betreffen, reinen Wein einschenken.«[60]

Man könnte hinzufügen, daß als Vorbedingung dieser sozialen Verführung manchmal der Verführer eine falsche Identität annehmen muß, etwa wenn ein Kriminalbeamter in Zivil eine Kneipenfreundschaft mit jemandem anfängt, den er überwacht – in Verbrecher- und Polizeikreisen nennt man das manchmal »Einwickeln«.[61]

Die Verführung als Mittel, mit dem der Beobachter die Tarnung des Beobachteten zu unterlaufen versucht, ist, wie mir scheint, vom *erzwungenen Austausch* zu unterscheiden, an dem der Betroffene unter Druck und entgegen seinen feineren Empfindungen in der Sache teilnimmt.[62] Hier versucht der Beobachter ganz offen, eine quid-proquo-Situation herzustellen, in der der Beobachtete, ohne daß sich sein Interessengegensatz zum Beobachter zu vermindern braucht, doch zu dem Schluß kommt, es liege in seinem persönlichen Interesse, etwas preiszugeben, was er sonst auch verbergen könnte, oder etwas zu verbergen, was er sonst bekanntgeben würde. Es kann Bestechung im Spiele sein, bei der dem Betreffenden etwas Erwünschtes angeboten wird im Austausch gegen willentliches Eröffnen oder Verbergen, womit er eine bisherige Loyalität verrät, so daß er selbst den ganzen Handel als abstoßend empfindet. (Die Liste der Bestechungsgüter ist lang. So sagt man, die Polizeiinformanten packten aus, um Strafmilderung zu erlangen, um sich zu rächen, um Konkurrenten auszuschalten, um sich Geld oder Hinweise auf ihre eigene Situation zu verschaffen.)[63] Es kann auch Erpressung im Spiel sein, bei der der Beobachtete sich dem anderen im Austausch dafür fügt, daß dieser in einer Sache schweigt, die, würde sie bekannt, den Ruf des Betroffenen zerstören würde – eine Sache, deren Schaffung durch den Beobachteten der Beobachter überhaupt erst eingefädelt haben mag.[64] Es kann auch physische Bedrohung im Spiele sein, dem Betroffenen wird die Aufhebung von Schmerzen oder Haft oder des Todesurteils im Austausch gegen Information oder irgendeine andere Handlung angeboten, die sich auf der Stelle unter der gegenwärtigen Bedrohung ausführen läßt.[65]

Parallel zu diesen »natürlichen« Schwächen beim Beobachteten und seinem Spiel lassen sich auch einige beim Beobachter und seinem Spiel ausmachen. Wir werden uns später damit beschäftigen, daß der Beobachter gewöhnlich versucht, dem Beobachteten die strategische Tatsache, daß er Gegenstand einer Einschätzung ist, vorzuenthalten. Und damit wird der Beobachter selbst verwundbar: genau wie der Beobachtete kann er sich durch unterschiedliches Versagen seiner Selbstkontrolle verraten. Ist er des weiteren nur eines der Mitglieder einer Gruppe, so macht ihn seine menschliche Natur anfällig gegen Verführung und Zwang, wie bereits behandelt. Der einzige Unterschied ist der, daß der Zwang einen Beobachteten veranlassen kann, sich der anderen Seite zu eröffnen, einen Beobachter hingegen, die eigene Seite *nicht* zu unterrichten – ein ganz ähnliches Straucheln, das freilich leichter zu verbergen ist. Interessanterweise kann dieses Nicht-Unterrichten statt durch den Gegner durch die eigene Gruppe veranlaßt sein, was nichts anderes ist als das uralte Problem der Kommunikation mit einem Tyrannen. So soll Hitler die Information, die er von Gehlen über die russischen Reserven und von Schellenberg über das amerikanische Kriegspotential erhielt, dadurch geschmälert haben, daß er sich so verhielt, als sei an schlechten Nachrichten der Berichterstatter schuld.[66]

Beobachteter wie Beobachter können also natürliche Schwächen haben, die ihr Spiel beeinträchtigen und der Gegenseite Vorteil bringen. Doch die Dinge liegen noch komplizierter. Die Schwachheit der Menschen unter Folter bringt sie wohl dazu, Geheimnisse zu verraten, doch sie bringt sie auch dazu, einfach irgendetwas zu sagen, nur um der Sache ein Ende zu machen, und dadurch werden, wie sich der Verhörende wohl denken kann, alle so erlangten Äußerungen fragwürdig:

> »Abgesehen von ihrer Scheußlichkeit an sich und von der Tatsache, für die wir Gott auf den Knien danken sollten, daß ein britisches Gericht keine unter Zwang erlangten Beweismittel anerkennt, hat die physische Folter einen ungeheuren Nachteil. Unter ihrem Stachel wird ein Unschuldiger oft ein Verbrechen gestehen, das er nie begangen hat, nur um eine Atempause zu gewinnen. Hat man ihn schwer gefoltert, so wird er sogar ein Verbrechen erfinden, auf das die Todesstrafe steht, weil er lieber rasch sterben als weiter diesen Todesqualen ausgesetzt sein möchte. Die physische Folter bringt wohl am Ende jeden zum Reden, aber sie kann nicht gewährleisten, daß er die Wahrheit sagt.«[67]

Während der Inquisition in Europa wußten Menschen, die der Hexerei verdächtigt wurden, oft ganz genau, was sie bekennen mußten, damit der Verhörende den Eindruck gewann, er könne die Nachforschungen einstellen; und sie bekannten es auch. Im 18. Jahrhundert kamen die Richter endlich zu dem Schluß, die von den Beschuldigten durch Folter erlangten Geständnisse seien in Wirklichkeit nichts wert und sollten nicht verwendet werden.[68]

So kann die Schwäche des Beobachteten zu einem Nachteil für den Beobachter werden. Wichtiger noch, der Beobachtete kann auf seine eigenen Schwächen strategisch eingehen und sie sogar zur Verbesserung seines Spiels ausnützen. Er kann seine eigenen Grenzen einschätzen und sich danach richten, etwa wenn jemand von sich weiß, daß er nicht überzeugend bluffen kann, und es deshalb nicht versucht. Hier spaltet sich der Beobachtete gewissermaßen auf, und die eine seiner beiden Personen handelt nach Maßgabe der Gegebenheiten bei der anderen. Eine ausgeprägtere Form derselben Spaltung liegt vor, wenn der Betreffende sich zu einem bestimmten Zeitpunkt für später die Hände bindet – wenn sein Wille und sein Vermögen schwach oder seine Bedürfnisse andere sein könnten. Er macht sich so zu einem verläßlicheren Werkzeug, als er eigentlich ist, etwa wenn er, mißtrauisch gegen sich selbst, den Wecker am Abend vorher außer Reichweite aufstellt, solange sein Entschluß noch stark und er ganz Herr seiner selbst ist; oder wenn er sich in einem Spielkasino ein wöchentliches Kreditmaximum einrichtet, lange bevor die Gelegenheit kommt, bei der er sich übernehmen könnte. Die berühmte Giftkapsel des Geheimagenten ist ein weiteres Beispiel, das heute jedes Kind kennt. Ein ähnlicher gespaltener Einsatz der eigenen Person liegt vor, wenn ein Bankräuber, der bemerkt, daß man bemerkt hat, daß er zittert, dem Kassierer sagt: »Ich bin sehr nervös. Nimm dich in acht, sonst schieße ich.«

Ist der Beobachtete keine Einzelperson, sondern eine Gruppe, so ist die Aufspaltung als Mittel zur Verbesserung des Spiels natürlich der Natur der Sache nach viel leichter. Ein herkömmliches Beispiel ist die gezielte Auswahl, etwa wenn Geheimagenten vorher danach ausgewählt werden, daß ihre Vergangenheit und Gegenwart möglichst wenig Ansatzpunkte für die Aktivierung divergenter Interessen bietet. Ebenso häufig muß ein einzelner für seine Gruppe tätig werden, ohne zu wissen, wer die anderen Mitglieder sind (etwa wenn Agenten Dokumente über einen Mittelsmann oder einen »toten Briefkasten« weitergeben), oder ohne den Gesamtplan seiner Seite zu kennen – weshalb Botschafter ehrliche Freundschaftsbeteuerungen abgeben konnten, obwohl ihr Land im Begriff stand, anzugreifen. Offensichtlich macht es die Unwissenheit unmöglich, daß jemand dem zuwiderhandelt, was seine Interessen sein sollten; freilich hat noch niemand ein Mittel gefunden, den Gegner von dieser Unwissenheit zu überzeugen und damit geschnappten Agenten schwere Prüfungen zu ersparen.

Hinter der Verwendung der Unwissenheit als Schutzmittel für die Gruppe steht natürlich ein Wissen um die Grenzen des Menschen als strategischer Spieler. Der Mensch ist etwas, was überfordert werden kann, und wenn alles von ihm verlangt werden muß, dann geschieht es auf die Gefahr dessen, der das tut. Ein Schiff kann man versenken und ein Bombenzielgerät zerschlagen, damit es nicht in Feindeshand fällt; aber trotz aller romantischen Literatur ist es anscheinend doch unklug, wenn sich ein Geheimdienst darauf verläßt, daß seine Agenten im gegebenen Moment Selbstmord begehen.[69]

Doch der springende Punkt ist hier, daß eine Gruppe nicht nur diese sehr menschliche Schwäche zulassen, sondern sie sich bewußt zunutze machen kann. Einige Analytiker der Geheimdienstpraxis meinen, die Engländer hätten im letzten Krieg folgende Methode angewandt, um die Deutschen über Zeit und Ort der erwarteten Invasion zu täuschen: Sie gaben in London ausgebildeten Widerstandsleuten falsche vertrauliche Informationen über die Invasion und Selbstmordpillen mit, die aber nur ein Scheinpräparat enthielten, und setzten sie dann mit dem Fallschirm bei Agenten ab, die im Verdacht standen, »umgedreht« worden zu sein, oder ließen sie Übermittlungskanäle benutzen, bei denen man darauf rechnete, daß die Nachrichten abgefangen würden – und das alles, um dafür zu sorgen, daß von den [ahnungslosen, d. Ü.] Leuten einige gefaßt würden und unter der Folter zusammenbrechen und den Verhörenden genau das Richtige unter den richtigen Umständen liefern würden.[70] Das ist nun ein extremes Beispiel. Das Prinzip wird auch unter weniger qualvollen Verhältnissen angewandt, aber mit dem nämlichen Zweck, jemanden zum natürlichen Spielen einer Rolle zu bringen, weil er gar nicht weiß, daß er eine falsche spielt. Nehmen wir zum Beispiel den Plan der Operation »Man Who Never Was« im Zweiten Weltkrieg. Ein wichtiger Kurier mit Geheimpapieren mit falschen Angaben über die Mittelmeerinvasion sollte an der spanischen Küste tot an Land gespült werden. Nachdem man den »Major« in spanischen Gewässern abgesetzt hatte, wurde dem britischen Militärattaché in Spanien »vertraulich« mitgeteilt, es seien sehr wichtige Dokumente verlorengegangen, und er solle unauffällig klären, ob die Kuriertasche gefunden worden sei. So konnte der Attaché seine Rolle in dem Täuschungsmanöver ganz überzeugend spielen, weil es für ihn einfach ein Ernstfall war.[71]

4. Ich habe drei Arten von Einschränkungen bei der Ausführung von Ausdrucksspielen erwähnt: physische Faktoren, Kenntnisse und die »menschliche Natur«. Als letzte wollen wir nun die sozialen Normen betrachten.

Nehmen wir zuerst den Beobachteten. Trotz der Unterschiede zwischen verschiedenen Kreisen und verschiedenen Umständen gibt es doch eine besondere Moral der Eindrucksmanipulation. Es gibt Regeln gegen das Kommunizieren von Aussagen, an die man selbst nicht glaubt. Es gibt sogar Regeln bezüglich der bloßen Unterdrückung des eigenen Ausdrucks und der Kommunikation. So soll der amerikanische Geheimdienst im letzten Krieg einen französischen Mönch als Spion angeworben haben, der nach kurzer Zeit gefaßt wurde, als ihn ein deutscher Offizier routinemäßig fragte, wohin er wolle, und der Mönch sich verpflichtet fühlte, zu sagen, er wolle spionieren, weil er auf keinen Fall lügen mochte.[72] Aus dem 19. Jahrhundert stammt ein noch ergreifenderes Beispiel: Der Ehrenkodex war offenbar so beschaffen, daß europäische Offiziere es ablehnten, getarnte Männer zu getarnten Aktionen zu führen, sondern ihre Soldaten mußten grellbunte und weithin sichtbare Uniformen tragen und die Schlachten an offen vereinbarten Orten und Zeiten austragen – sonst hätten sie sich den Vorwurf zugezogen, nach unsportlichen und unmännlichen Vorteilen zu streben.[73] Das Wichtigste sind die normativen Erwartungen bezüglich der »Aufrichtigkeit«. Wenn jemand spricht, dann soll seine Körpersprache zwanglos alle Informationen liefern, die einem sagen, wieviel eigene Überzeugung und wieviel Entschlossenheit hinter seinen Aussagen steht. Anders gesagt, wir verlangen von den Menschen, daß sie keine zu guten Schauspieler sind, vor allem nicht beim Sprechen.[74]

Am Rande sei vermerkt, daß die Beschränkungen des Spiels des Beobachteten aufgrund mangelnder emotionaler Selbstkontrolle und aufgrund von Normen und moralischen Regeln in einer wichtigen Wechselwirkung miteinander stehen. Sobald Normen im Spiele sind, führt ihre Verletzung leicht zu unkontrollierbaren kleinen Schuld-, Scham- oder Verlegenheitsreaktionen, und zwar auch dann noch, wenn sich der Betreffende schon lange nicht mehr in entscheidenden Situationen an die Norm gebunden fühlt. So sind viele bereit, eine glatte Lüge zu versuchen, aber nur wenigen gelingt das, ohne irgendwie zu erkennen zu geben, daß sie nicht die Wahrheit sagen. Diese verräterischen Zeichen können natürlich entscheidende strategische Bedeutung haben, wenn die Gegner einander unmittelbar gegenüberstehen. (Normen bilden also eine mittelbare wie auch eine unmittelbare Beschränkung für Züge in Ausdrucksspielen, insbesondere für verbergende Züge.)

Die Beobachteten unterliegen also moralischen Beschränkungen. Für die Beobachter sind ebenfalls Normen maßgebend.

So gilt die Spionage leicht als etwas Abstoßendes, jedenfalls immer auf der betroffenen Seite, manchmal auch bei den Auftraggebern und gelegentlich sogar bei den Spionen selbst. Darüber hinaus gibt es gesetzliche Strafen für viele Formen der Spionage.

Ähnliche Einschränkungen gelten für die Durchführung von Untersuchungen. In vielen informellen sozialen Zirkeln gilt es als unpassend, das Ausdrucksverhalten oder die Aussagen eines anderen anzuzweifeln oder sein Informationsterritorium zudringlich zu durchforschen. Auch kriminalistische Untersuchungen haben ihre Einschränkungen, diesmal mehr vom Gesetz als von der Sitte her. Soll ein Geständnis vor einem amerikanischen Gericht etwas gelten, so muß der Betreffende von Anfang an darauf hingewiesen worden sein, daß das, was er sagt, gegen ihn verwendet werden kann.[75] Der Beobachter darf alle möglichen Schikanen einsetzen, um dem Verdächtigen das Gefühl zu geben, es liege zuverlässiges Beweismaterial gegen ihn vor und es habe keinen Sinn, weiter zu leugnen, doch er darf keine Mittel einsetzen, die einen Unschuldigen zum Geständnis bringen würden [76]; der Untersuchungsbeamte kann geradezu seinen Status als Zeuge verlieren, wenn er solche Methoden bei dem Verdächtigen anwendet.[77] Ein übermäßig langes Verhör kann also die darin erlangten Geständnisse unbrauchbar machen; werden aber mit Hilfe dieser auf unzulässige Weise erlangten Information andere Tatsachen entdeckt, so können diese als Beweismittel dienen.[78] Auch Geständnisse, die durch Bedrohung der Freiheit, der Gesundheit oder des Wohlergehens von Angehörigen gewonnen wurden, sind ungültig. Das Versprechen von Strafminderung oder -erlaß kann für unzulässig erklärt werden, bei dem Versprechen besserer Haftbedingungen dagegen geschieht das nicht.[79] Der Lügendetektor kann unzulässig sein, außer wenn sich vorher beide Seiten nachweislich auf ihn geeinigt haben. Und Informationen, die durch das zwangsweise Auspumpen des Magens [80] oder von jemandem erlangt wurden, der unter dem Einfluß sogenannter Wahrheitsdrogen stand [81]; sind nicht nur vor Gericht nicht verwendbar, sondern ihre Erlangung kann selbst strafbar sein. Und für die Gerichtsverhandlung gibt es natürlich verfassungsmäßige Einschränkungen für die Erzwingung von Aussagen, die den Betreffenden belasten könnten. Verschiedene Vorschriften schützen ihn auch davor, die Geheimnisse seines Ehepartners, Patienten, Klienten oder Beichtkinds preisgeben zu müssen.

Die Verführung wird überall mit gewisser Mißbilligung betrachtet. Noch stärker wird erzwungener Austausch verurteilt. In den meisten Situationen ist es nicht nur moralisch verwerflich, sondern auch gesetzwidrig, wenn ein Verhörender Verhältnisse arrangiert, unter denen er dem Verhörten den Verzicht auf Folter anbieten kann, falls er ihm Informationen liefert.

Eine letzte Bemerkung über die Normen, die für Beobachtete wie Beobachter gelten. Diese verschiedenen Spielregeln können aus allen möglichen guten und schlechten Gründen befolgt und damit das Spielverhalten eingeschränkt werden: Aktualisierung von Normen, die bei einem Delinquenten Schuldgefühle erzeugen, auch wenn er nur insgeheim von ihnen abweicht; ernsthaftes Interesse am guten Ruf von Zeugen, das Schamgefühle hervorruft, wenn dieser in Gefahr gerät; Furcht vor Bestrafung; der Eindruck langfristiger Opportunität; und so fort.

4 Die strategischen Eigenschaften des Spiels

Ebenso, wie bestimmte Eigenschaften der Spieler eine besondere Bedeutung in Ausdrucksspielen haben, so auch bestimmte Eigenschaften des Spiels selbst.

1. Zunächst ist der Unterschied zwischen *wirklichen* und *virtuellen* oder *stillschweigenden* Zügen zu beachten. Nach G. H. Mead setzt man eine erwogene Handlung im allgemeinen nicht in Gang, ohne im Geiste die Folgen für andere betrachtet zu haben, deren wahrscheinliche Reaktion auf sie und die Konsequenzen dieser Reaktion für die eigenen Pläne. Man verändert dann seinen Handlungsplan so, daß nun die voraussichtliche Reaktion der anderen eine günstigere ist. Faktisch paßt man sich an die Reaktion der anderen an, ehe sie noch ausgelöst ist, und zwar so, daß sie dann gar nicht mehr stattzufinden braucht. Man hat damit stillschweigende Züge in seinen Verhaltensentwurf einbezogen. Bestehen nun die – wirklichen und vorgestellten – Handlungsabläufe in Einschätzungen und Reaktionen auf diese, so haben wir es mit virtuellen oder stillschweigenden Zügen in einem Ausdrucksspiel zu tun. Der Beobachter überlegt sich die wahrscheinlichen Folgen davon, daß der Beobachtete entdeckt, daß er eingeschätzt wird, und er versucht, die zu erwartende Eindrucksmanipulation wegzukompensieren, ehe sie überhaupt auftreten konnte. Damit fallen der erste und der zweite Zug des Beobachters – es ist ein naiver und ein Aufdeckungs-Zug – in einen zusammen.

Eine gewöhnliche Überwachungsmethode ist zum Beispiel das Anzapfen von Telefonleitungen. Wenn aber der Betroffene weiß, daß er abgehört wird, dann bringt das Abhören wenig ein. Das weiß der Beobachter, und er weiß, daß der Betroffene Verdacht schöpfen dürfte, wenn er das typische Knacken hört. Um das zu verhindern, kann der Beobachter einen stetig veränderlichen Widerstand verwenden, so daß die Abhörverbindung allmählich und ohne Geräusch hergestellt wird.[82] Es kommt nur zu *einer* konkreten Handlung – der besondern Art des Einschaltens des Abhörgeräts –, die aber zwei verschiedenartige Züge im Ausdrucksspiel enthält.

Ein anderes Beispiel ist das Überwachungsspiel, bei dem der Beobachter den Betroffenen unbemerkt beobachten möchte, dieser aber zu erfahren sucht, ob er beobachtet wird, um nach Möglichkeit die Beobachter abzuschütteln. Fährt der Beobachtete in einem Auto davon, so pflegt man ihn im Auto zu verfolgen. Hier nun die Komplikationen: Der Beobachter geht davon aus, daß der Beobachtete, wenn er entdeckt, daß er verfolgt wird, den Verfolger abzuschütteln versucht, und daß er von belastenden, das heißt, entscheidende Informationen liefernden Handlungen vorläufig Abstand nehmen wird. Gelingt ihm das, so hat er den Wettkampf gewonnen. Um es zu verhindern, wird der Verfolger in solcher Entfernung hinter dem Verfolgten herfahren, daß er ihn in Sicht behält, aber nicht so nahe ist, daß er Verdacht erregt, denn es könnte ja sein, daß der Beobachtete mißtrauisch und schlau genug ist, immer wieder in den Rückspiegel zu blicken. Ist die Fahrzeit lang oder der Verkehr entweder sehr stark oder schwach, so kann es sehr schwierig sein, diesen richtigen Abstand einzuhalten. Unter solchen Umständen findet es der Beobachter wohl ratsam, mehrere Verfolgungsfahrzeuge einzusetzen, die untereinander in Funksprechverbindung stehen. Nach ein oder zwei Kreuzungen, und jedenfalls lange, bevor irgendein Verdacht aufkommen dürfte, kann ein Verfolger abdrehen und über Funk einen zweiten an der nächsten Kreuzung auf die Fährte setzen. Können nicht mehrere Wagen eingesetzt werden, so kann der Beobachter selbst versuchen, dem Beobachteten Wahrnehmungen zu liefern, die er als Beweis dafür nehmen dürfte, daß es sich mit dem Wagen, der sich angehängt zu haben schien, doch anders verhält: Der Verfolger kann den Verfolgten ein paarmal überholen, wobei er sich natürlich anschließend selbst wieder überholen lassen muß. Doch der Verfolgte könnte sich sagen, daß ein Verfolger gerade diesen Überholtrick anwendet, um keinen Verdacht zu erregen. Oder jedenfalls könnte der Verfolger das Gefühl haben, der Verfolgte könne sich das sagen. Somit empfiehlt es sich für ihn, einen Gegenzug gegen den Verdacht auszuführen, den sein ursprünglicher Gegenzug erregt haben könnte. Dabei kommt ihm die Dunkelheit zustatten:

»Nachts ist es leichter, einen Wagen zu verfolgen. Dabei sollte man bei günstigen Straßenverhältnissen gelegentlich überholen. Einige Beamte haben besondere Schalter am Armaturenbrett, mit denen sie die Schlußlichter einzeln abschalten können, wobei die Scheinwerfer vorn weiterbrennen. Damit kann man den Anschein erwecken, als wären es drei verschiedene Fahrzeuge gewesen, die überholten, eines mit nur einem funktionierenden Schlußlicht, dann eins mit zweien und dann eins mit gar keinem. Man kann auch vom Armaturenbrett aus zu schaltende Linsen in die Schlußlichter einbauen, die diese statt rot auch weiß erscheinen lassen können [so daß ein beschädigtes Schlußlicht simuliert wird, d. Ü.]. Der Verfolger, der ohne Licht oder ohne Schlußlicht fährt, sollte nicht vergessen, daß ja noch beim Bremsen das Bremslicht verräterisch aufleuchten kann. Daher ist auch die elektrische Schaltung für dieses geeignet zu verändern.«[83]

Nun kann der Beobachter offenbar alle diese Tricks anwenden, auch ohne daß dem Verfolgten noch irgendein Auto verdächtig vorgekommen ist; und gewiß wird er es im allgemeinen tun, auch wenn er keinerlei deutlichen Beweis dafür erhält, daß der Verfolgte zu irgendeinem Zeitpunkt glaubte, er werde verfolgt. Das stillschweigende Wechselspiel von Zügen kann also ganz einseitig sein (braucht es aber nicht). Ein Spieler kann etwas gegen einen Zug unternehmen, der in Wirklichkeit gar nicht ausgeführt worden ist. Er handelt aufgrund eines stillschweigenden Wechselspiels von Zügen.

Genau wie der Beobachter bei seiner Reaktion den stillschweigenden Zug des Beobachteten in das Spiel einplant, so tut es der Beobachtete mit dem des Beobachters. Instrumentelle Züge und Gegenzüge gegen das Aufgedecktwerden werden sehr oft ausgeführt, ehe der Zug, auf den sie eine Reaktion sind, überhaupt stattfinden konnte. Wird zum Beispiel ein »Illegaler« aufgebaut, das heißt, wird jemandem eine andere persönliche oder biographische Identität gegeben, muß seine künstliche soziale Vergangenheit abgesichert werden; *ehe* diejenigen, unter die er sich begibt, seinen angeblichen Hintergrund überprüfen können, müssen die Orte und Dokumente, die sie heranziehen könnten, ermittelt und entsprechend frisiert werden.[84] Ein anderes Beispiel: Es ist ja eine allgemeine Tatsache, daß ein Beobachter, der endlich erfahren hat, was der Beobachtete weiß, vielleicht immer noch mit der Möglichkeit rechnen muß, daß der Beobachtete selbst von seiner eigenen Gruppe als Routinedeckungsmanöver falsch ins Bild gesetzt worden sein könnte; das ergäbe sich aus der ganz allgemeinen Notwendigkeit, die Zahl der Eingeweihten möglichst niedrig zu halten. Und der Beobachtete könnte gut beraten sein, seinerseits mit dieser Möglichkeit zu rechnen, wie sich etwa bei der Operation »Man Who Never Was« zeigte:

»Sollte der deutsche Generalstab davon überzeugt werden, daß, entgegen aller Wahrscheinlichkeit, unser nächstes Angriffsziel nicht Sizilien sein würde, so mußte er ein Dokument in Händen haben, das zwischen Offizieren kursierte, die wissen mußten, was unsere wirklichen Pläne waren; die sich auf keinen Fall irren konnten; und die nicht selbst Objekte eines Verschleierungsmanövers sein konnten. Wenn sich das Unternehmen überhaupt lohnen sollte, dann mußte ich ein Dokument haben, das von jemandem und an jemanden geschrieben war, den die Deutschen kannten – und von dem sie wußten, daß er ›richtig eingeweiht‹ war.«[85]

Es dürfte jetzt deutlich sein, daß der Zug eines Spielers nicht nur eine Reaktion auf einen stillschweigenden Zug des Gegenspielers sein kann, sondern manchmal sein muß, wenn er wirksam sein soll. Vorkehrungen, die nicht schon erfolgen, ehe der Gegenspieler seinen Zug ausführen konnte, können einfach nutzlos sein, und der Spieler kann sich darüber sehr wohl im klaren sein. Man kann also gewisse fast übertriebene Vorkehrungen erwarten, ein Absichern, eine Ausdehnung der argwöhnischen Wachsamkeit, eine Anpassung an Züge, von denen man weiß, daß sie der Gegner vielleicht überhaupt nicht in Erwägung gezogen hat.

2. Eine wichtige Eigenschaft von Ausdrucksspielen hat mit der Bedeutung für das Spiel zu tun, die die Kenntnis des Spielers von der Kenntnis des anderen von den Vorgängen im Spiel hat. Denn das Spiel selbst hat seine eigenen strategischen Aspekte.

Von »Geheimnis« zu sprechen, kann hier ungenau sein. Die Information, die der Beobachter zu erlangen sucht, ist sehr oft dem Beobachteten schon gegeben und somit kein Geheimnis für ihn; ihm geht es darum, den Zugang zu dieser Information zu beschränken. Außerdem möchte der Beobachtete manchmal den Beobachter in Unkenntnis darüber halten, daß er diese Information hat und hütet. Das ist natürlich selbst wieder eine gehütete Information, hier aber eine Information über Information. Und diese könnte man als Geheimnis bezeichnen. Sollte der Beobachter Zugang zu der vom Beobachteten gehüteten Information gewinnen, so wird er es fast stets günstig finden, dies nicht erkennbar werden zu lassen, damit der Beobachtete nicht noch tätig werden kann, um den Wert der erlangten Information aufzuheben und die Erlangung weiterer auf diesem Wege zu unterbinden. Der Beobachter macht aus seiner Entdeckung ein Geheimnis, das heißt, er beschränkt den Zugang zu Information über Information. (Doch das, worüber er insgeheim informiert ist, ist natürlich dem Beobachteten bekannt; dieser weiß nur nicht, daß es der Beobachter entdeckt hat.)[86] Wenn daher vertrauliche Dokumente von einem Agenten abgefangen werden, so werden sie von ihm in der Regel fotografiert oder ins Gedächtnis eingeprägt, und er bemüht sich, sie so weitergehen zu lassen, daß man ihnen nicht ansieht, daß sie gesehen worden sind. Man versteht also, warum die Kryptographen vor dem Dilemma stehen, daß sie entschlüsseltes Material natürlich verwenden wollen, andererseits aber nicht dadurch den Feind darauf aufmerksam machen möchten, daß der Kode entschlüsselt ist, damit er nicht gewechselt wird und die Entschlüsselungsarbeit wieder von vorn anfangen muß.[87]

Es ist also deutlich, daß jemand, der einen anderen einschätzt, ein Interesse hat, diese Tatsache nicht bekannt werden zu lassen, die Tatsache nämlich, daß er entweder einen naiven oder einen Aufdeckungs-Zug in einem Ausdrucksspiel gemacht hat. Das Untersuchen des Beobachteten als solches kann die Position des Beobachters gefährden, falls es vom Beobachteten bemerkt wird; denn diese Entdeckung kann ihn aufmerken lassen, seine Sorgfalt erhöhen, seine Pläne verändern, ihn zu der Erkenntnis bringen, daß der Beobachter etwas vorhat, was nur eine Vortäuschung von Vertrauen in andere ist, und den Beobachteten jedenfalls im Hinblick auf seine Beziehungen zum Beobachter ernüchtern. Daraus folgt wiederum, daß das Erregen des Verdachts bei einem anderen, daß ihm Verdacht entgegengebracht werde, ein strategischer Nachteil sein kann. Verbrecher können sich dadurch verraten, daß bekannt wird, daß sie zu erfahren versuchen, was die Polizei von ihnen weiß oder vermutet:

> »Wenn ein harmloser Fahrer einem Polizeifahrzeug begegnet ist, dann ist es unwahrscheinlich, daß einer von beiden langsamer fährt und den anderen durch den Rückspiegel beobachtet. Als ich daher in meinem Rückspiegel sah, daß der Fahrer eines Sportwagens eben dies tat, wendete ich und fuhr ihm nach, und es dauerte nicht lange, da hatten er und sein Spezi einen Monat weg – das Auto war gestohlen.«[88]

Die Wichtigkeit der Geheimhaltung auf seiten des Beobachters findet in der Verhörkunst gebührende Beachtung und bildet einen untrennbaren Bestandteil des Verhörspiels. Dieses Spiel kann in einer reinen Form stattfinden, bei der sich der Verhörte auf den Standpunkt stellt, er habe nichts zu verbergen und sei bereit, dem Verhörenden entgegenzukommen. Diesem stehen altbewährte Züge zur Verfügung. Er wird es vorteilhaft finden, dem Verhörten so wenig wie möglich von dem zu sagen, was beide wissen, wovon dieser aber nicht weiß, daß es der Verhörende weiß. Dann kann er den Verhörten zu einer Lüge verleiten, die aufgedeckt werden kann, und dadurch dessen Manövrierspielraum im Hinblick auf Dinge einengen, von denen der Verhörende nichts weiß.[89] Und ob nun der Verhörte zu einer Lüge verleitet wird oder von sich aus zu einer Zuflucht nimmt, für den Verhörenden empfiehlt es sich, ihn nicht sofort mit der Wahrheit zu konfrontieren, sondern auf einen Augenblick zu warten, in dem das nützlicher und delikater ist.[90] (Man beachte aber, daß es auch Augenblicke gibt, in denen es sich *nicht* empfiehlt, eine Frage zu stellen, die wahrscheinlich mit einer Lüge beantwortet wird, denn wenn sich der Verhörte einmal auf eine Lüge festgelegt hat, dann wird er sich abwehrender verhalten, weil er noch etwas zu verbergen hat.)[91] Ein anderer herkömmlicher Zug besteht darin, Fragen zu stellen, aus denen – fälschlich – hervorgeht, daß der Verhörende bereits einiges weiß – wobei man eben darauf baut, daß der Verhörte nicht genügend auf der Hut ist und bestätigt, was bloß vermutet wurde.[92]

Es folgt also: Ist ein Beobachteter einmal in eine Beziehung zum Beobachter eingetreten, in der er auf dessen Fragen eingehen muß, dann wird es im allgemeinen Fragen geben, auf die jede Reaktion – auch die, keine Antwort zu geben – seine strategische Stellung schwächt. Wird zum Beispiel jemand als Agent verdächtigt und streitet es ab, und fragt man ihn dann, wann er zuletzt eine bestimmte Person gesehen habe, die wahrscheinlich sein Kontaktmann ist, so muß er sich überlegen, ob er behaupten soll, er kenne den Betreffenden nicht, oder er kenne ihn, habe aber wenig mit ihm zu tun, oder ob er die letzte Zusammenkunft zugeben soll; und vor allem muß er sich für seinen Zug entscheiden, ohne daß es so aussieht, als denke er erst einmal nach, denn Zögern wäre ein »Hinweis auf Täuschung« und würde seine angebliche Beziehung zum Verhörenden Lügen strafen.[93]

Wie sich der Beobachter um die Konsequenzen der Tatsache kümmern muß, daß er ein Ausdrucksspiel spielt, so auch der Beobachtete darum, daß *er* eines spielt. Denn wahrscheinlich muß er sich sagen, daß er mit dem Versuch, seine Spuren zu verwischen, die Gefahr heraufbeschwören würde, daß dieser Versuch als solcher entdeckt wird. Und das könnte für ihn sofortige Folgen haben, abgesehen von der Frage seines Rufs und seiner Selbstachtung; und diese Folgen des Entdecktwerdens müssen mit der Wahrscheinlichkeit ihres Eintretens gewichtet und gegen die möglichen Vorteile des Verbergens abgewogen werden. Die Folgen sind diese: Erwischt der Beobachter den Beobachteten beim Versuch der Eindrucksmanipulation, so gewinnt er wertvolle Information, denn wenn er weiß, daß nicht alles so ist, wie es aussieht, und daß bewußt versucht wurde, zu manipulieren, so kann er den Bereich dessen, was tatsächlich los sein könnte, oft erheblich einengen. Ist etwa der Beobachtete der Polizei verdächtig, so wird er durch die Entdeckung, daß er Beweismittel gefälscht hat, als jemand bloßgestellt, der ziemlich wahrscheinlich etwas verbrochen hat. Außerdem spielt der Beobachtete, wenn er die Möglichkeit seiner Entlarvung schafft, dem Beobachter die Möglichkeit zu, zu verheimlichen, daß er die Verschleierungsversuche des Beobachteten durchschaut hat, und das macht, wie schon gesagt, die Position des Beobachteten in dem Ausdrucksspiel recht prekär. Angesichts all dessen könnte der Beobachtete – ganz abgesehen von Moral und langfristigem Interesse – zu dem Ergebnis kommen, es sei einfach unklug, völlig auf Verheimlichung zu setzen. Und wenn die Erfordernisse der Gruppenarbeit den Geheimnisträger zwingen, sein Geheimnis mit anderen zu teilen, dann dürfte die Sache noch prekärer werden, und entsprechend wird es noch empfehlenswerter, nicht auf Verheimlichung und Täuschung zu bauen.[94]

Für den Beobachteten gibt es einen zusätzlichen Gesichtspunkt im Hinblick auf die strategischen Aspekte des Spiels: Es ist wertvoll, wenn er die Beobachter nicht merken läßt, daß er von der in Gang befindlichen Einschätzung Wind bekommen hat. Das ist ein sehr allgemeiner Gesichtspunkt, der jedem Autor, der über Militär- und Wirtschaftsspionage schreibt, wohlbekannt ist:

> »Im großen und ganzen muß Wissen, das Macht sein soll, geheim sein. ... Unser Geschäftsmann, zu dessen Habenposten seine Kenntnisse über die Konkurrenz gehören, hat auch Minusposten, nämlich die Kenntnisse der Konkurrenz über ihn. Doch wenn *er* weiß, daß man es weiß, dann ist es für ihn kein Minusposten; davon kann er ausgehen, wenn er seine Konkurrenz einschätzt und ihr entgegenzutreten versucht. Doch alles Wissen der Konkurrenz über seine Möglichkeiten und Pläne, das ihm als solches nicht bekannt ist, kann dazu ausgenützt werden, ihn auszutricksen und auszumanövrieren.«[95]

Wenn also ein Beobachteter erfährt, daß er insgeheim beobachtet wird, so liegt es im allgemeinen in seinem Interesse, dem – nun ausmanövrierten – Beobachter vorzuenthalten, daß man der Beobachtung auf die Spur gekommen ist.[96] Ein Agent, der wahrscheinlich beobachtet werden wird, wird dazu angehalten, die Methoden kennenzulernen, mit denen ihn der Gegner zu überwachen pflegt. Doch bei keiner Gelegenheit sollte er zeigen, daß er herausgefunden hat, daß er überwacht wird.[97] Denn das dürfte dem Gegner nur bestätigen, daß sein Gegenüber etwas zu verbergen hat, und daß er im übrigen am besten auf neue Überwachungsmethoden umsteigen sollte. Und der Beobachtete hat wahrscheinlich lieber Methoden, die er kennt, als solche, die ihm entgehen könnten.

Der Wert des Wissens beim Beobachteten darüber, was der Beobachter über ihn weiß, zeigt sich sehr schön an dem Problem, vor dem der Verhörende steht, wenn er den Verhörten in ein wertvolles Eingeständnis hineinzusteuern versucht. Er kann die Strategie verfolgen, daß er die Tatsachen bereits kenne und wisse, daß der Verhörte sie kennt, und daß er nur noch auf dessen Bestätigung für das warte, was beide wüßten. Doch viele Analytiker weisen darauf hin, daß dieser Bluff Gefahren mit sich bringt, die oft seine Vorteile überwiegen. Denn wenn der Befragte einmal doch nichts zu verbergen hat, oder wenn er weiß, daß nur er selbst wissen kann, was der Verhörende zu wissen behauptet, dann kann er dem Bluff entnehmen, daß sich der Verhörende aufs Bluffen verlegen muß. Damit kann dessen ganzes Air des Bescheidwissens und der Offenheit zunichte werden. Der Verhörte erfährt etwas Stärkendes, nämlich daß dem Verhörenden das eigentliche Pulver ausgegangen ist. Dessen Möglichkeiten, den Verhörten zu einer Unklugheit zu verführen oder einzuschüchtern, sind dann stark zusammengeschmolzen. Für gewöhnlich sollte man also Bluffs, die platzen können, vermeiden.[98]

Die Informationsaspekte des Spielens mit Ausdruckselementen – die strategischen Aspekte des Spiels als solchen – zeigen sich sehr schön am Doppelagententum, und auf sie ist es zurückzuführen, wenn sich irgend jemand unter diesen Verhältnissen länger halten kann.[99]

Wie schon gesagt, ist ein entdeckter Agent für seine Entdecker wertvoll (über ihn können sie der Gegenseite falsche Informationen zuspielen), solange die Entdeckung nicht entdeckt ist.

Merkt der Agent selbst, daß er entdeckt ist, so kann er so verfahren, daß er dies seiner Gruppe insgeheim mitteilt, so daß sie nicht nur die ihr zugespielte Information unbeachtet lassen, sondern auch ihr entnehmen kann, was ihr die andere Seite gern weismachen möchte, wodurch das, was wahrscheinlich wahr ist, eingeengt werden kann.

Er kann aber auch so verfahren, daß er seinen Entdeckern deutlich macht, daß er Bescheid weiß, und ihnen seine Dienste anbietet; diese Situation kann auch von den Entdeckern selbst geschaffen werden (das ist überhaupt der häufigere Fall), indem sie ihm mitteilen, daß er entdeckt ist, und ihn zwingen, für sie zu arbeiten. Der Agent wird »umgedreht« und wird zum Doppelagenten, und zwar in diesem Falle zum »echten«.

Wird ein Agent umgedreht und wird dies von seiner ursprünglichen Gruppe herausgefunden, so steigt sein strategischer Wert für die zweite Gruppe, insbesondere dann, wenn *er* davon nichts weiß. Über ihn kann man nämlich dem Gegner Informationen zuspielen, von denen man weiß, daß der Agent sie für falsch halten wird. Und solange der Gegner nicht weiß, daß man von dem, was er nicht glaubt, auch weiß, daß er es nicht glaubt, hat dieser Kanal einen Manipulationswert:

> »Am Ende des Krieges entdeckten die Abwehroffiziere der Alliierten in den erbeuteten Archiven des deutschen Geheimdienstes den Text von 250 Nachrichten, die vor dem Invasionstag von Agenten und aus anderen Quellen eingegangen waren. Fast alle sprachen vom Juli und von der Gegend um Calais. Eine einzige nannte genau den richtigen Ort und Zeitpunkt der Invasion. Sie stammte von einem französischen Oberst in Algier. Die Alliierten hatten entdeckt, daß er für die deutsche Abwehr arbeitete, und er wurde festgenommen und anschließend umgedreht. Auch er wurde dazu benützt, Berlin irrezuführen – gebraucht und mißbraucht. Die Deutschen wurden so oft von ihm getäuscht, daß sie schließlich alles, was von ihm kam, als wertlos ansahen. Doch sie blieben mit ihm in Verbindung, denn es ist immer nützlich, zu wissen, was der Gegner einem weismachen möchte. Und nun war der alliierte Nachrichtendienst so kühn, man möchte fast sagen, pervers, den Oberst mitteilen zu lassen, die Invasion würde am 5., 6. oder 7. Juni an der Küste der Normandie stattfinden. Für die Deutschen war das der unumstößliche Beweis, daß die Invasion *auf jeden Fall nicht am 5., 6. oder 7. Juni* und auf jeden Fall nicht an der Küste der Normandie stattfinden würde.«[100]

Erzählt der Agent seiner ursprünglichen Gruppe, daß er umgedreht worden ist, oder läßt er sich (auf ihre Veranlassung) fassen, *um* umgedreht werden zu können, dann kann er als »falscher« Doppelagent verwendet werden, der denen gefährlich wird, die ihn umgedreht zu haben glauben. Denn nun kann er wieder dazu dienen, falsche Informationen zu empfangen, von denen die Seite, die sie eifrig gibt, nicht weiß, daß sie als falsch bekannt sind.

Es ist denkbar, daß ein falscher Doppelagent seine Situation der

Gruppe eröffnet, die ihn umgedreht zu haben glaubt, oder daß diese entdeckt, daß er ein falscher Doppelagent ist, und daß es ihr nicht unwichtig ist, Informationen zu bekommen, von denen sie weiß, daß sie ihr deshalb zugeleitet werden, weil man davon ausgeht, daß sie weiß, daß sie ihr absichtlich zugespielt werden. Und es wird jedenfalls *ein* Fall beschrieben, in dem ein umgedrehter Agent, der dies enthüllte, aber alles sorgfältig siebte, was er seinen neuen Auftraggebern berichtete, durchschaut und doch weiter gehalten wurde, weil man warten wollte, ob er nicht einmal einen Fehler machte und etwas wirklich Interessantes preisgab.[101] Doch mir scheint, hier endet das Spiel, da das Licht, das man gewinnt, die Kerze nicht mehr wert ist.

5 Die Entartung des Ausdrucks

Je stärker der Beobachter beim Beobachteten Manipulation argwöhnt, oder je stärker er sich dagegen abzusichern sucht, desto weniger gibt er auf die manifesten Seiten von dessen Verhalten und desto stärker sucht er nach Ausdruckselementen, die ihm nicht künstlich erzeugt oder verdeckt werden zu können scheinen. Für den Beobachter kann das bedeuten, daß er sich verstärkt auf einen ausgewählten und damit geringen Teil des Ausdrucksverhaltens des Beobachteten stützt. Doch je stärker er seine Deutungsbemühungen konzentriert und auf sie setzt, desto wertvoller wird es für den Beobachteten, herauszufinden, was da an ihm herausgefunden wird, um diese Bemühungen mit ganz besonderen Ausdrucksmanipulationsanstrengungen zu kontern. Kann der Beobachter etwas über die Bedeutung eines Anzeichens in Erfahrung bringen, so kann es der Beobachtete auch, und es scheint kein Beweisstück zu geben, das, einmal in seiner Bedeutung erkannt, nicht auch manipuliert werden könnte. Aufdeck-Züge müssen schließlich Gegenzüge gegen das Aufgedecktwerden auf den Plan rufen.

Diese Kontrolle unkontrollierbarer Ausdruckselemente finden sich ganz deutlich bei Kleinigkeiten, die für so nichtig angesehen werden, daß man meint, der Beobachtete könnte sich ihrer nicht bewußt und somit hier auch nicht auf der Hut sein. So gibt es Eltern, die, wenn sie spätabends nach Hause kommen, die Behauptung ihrer Kinder, sie hätten nicht ferngesehen, nachprüfen, indem sie das Fernsehgerät anfassen, ob es warm ist. Anscheinend kontern manche Kinder diesen Aufdeck-Zug, indem sie das Gerät nach dem Abschalten mit einem

Plastikbeutel voll Eiswürfel kühlen. Das Extrembeispiel ist hier wohl die berühmte Hiss-Tytellsche Schreibmaschinen-Nachahmung.[102]

Wir können also erwarten, daß ganz geringfügige Hinweise manipuliert werden. Doch natürlich werden es auch ganz gewichtige Ausdruckselemente. So dürfte außer dem Abwarten, bis der Beobachtete seine Handlungen wirklich ausgeführt hat, die sicherste Vorgehensweise für den Beobachter wohl die sein, teilweise abgeschlossene Handlungsabläufe als Indiz für das Kommende zu nehmen, denn je mehr Mittel der Beobachtete schon zu Anfang eingesetzt hat, desto eher kann man davon ausgehen, daß er diesen Ansatz zu Ende führen wird. Natürlich aber kann es sich für den Beobachteten, wenn er sicher sein kann, daß der Beobachter solche harten Beweise als ausreichend betrachten wird, lohnen, auf diesem Gebiet einen Aufwand zu treiben, der lediglich Ausdrucksfunktion hat, wie hoch er auch sei. Ein Beispiel ist der berühmte Rothschild-Trick:

»Im Jahre 1815, als ganz Europa gerade auf neue Nachrichten von der Schlacht bei Waterloo wartete, wußte Nathan Rothschild in London bereits, daß die Engländer gesiegt hatten. Um zu einem Spekulationserfolg zu kommen, drückte er die Kurse, indem er britische Staatsschuldverschreibungen verkaufte; die Leute, die jede seiner Bewegungen beobachteten, schlossen sich ihm an, weil sie annahmen, daß Waterloo für die Engländer und ihre Verbündeten verloren sei. Im gegebenen Augenblick kaufte er in der Baisse wieder auf, und als der wirkliche Ausgang der Schlacht dann allgemein bekannt wurde, schnellte der Wert der Staatsschuldverschreibungen natürlich in die Höhe.«[103]

Wichtige Beispiele liefert uns die Kriegführung. Wollen etwa die Deutschen die Engländer davon überzeugen, daß ein Untergrundnetz intakt und nicht infiltriert sei, dann wird es sich für sie lohnen, mit seiner Hilfe abgesprungene Flieger entkommen zu lassen, denn das müßte doch ein zuverlässiges Anzeichen für das Funktionieren eines Netzes sein.[104] Wie weit diese materialisierte Täuschung gehen kann, ist eine interessante Frage:

»Man fand bei den beiden [englischen Agenten, die über dem von den Deutschen besetzten Holland mit Fallschirmen abgesetzt worden waren] einen Kodeschlüssel, mit dessen Hilfe die deutsche Abwehr zwei Jahre lang Verbindung mit dem englischen Nachrichtendienst hielt, der die Nachrichten von holländischen Partisanen zu empfangen glaubte. Aufgrund dieser Nachrichten wurden die Deutschen von den Engländern mit Waffen und Verpflegung versorgt, die für die vermeintlichen holländischen Partisanen abgeworfen wurden. Um die Täuschung am Leben zu halten, mußte man den Engländern den Eindruck vermitteln, daß die Partisanen etwas täten. Admiral Walter Wilhelm Canaris, der Chef der ›Abwehr‹, des Nachrichtendienstes des Oberkommandos der Wehrmacht, ließ deshalb von seinen Leuten vier im Hafen von Rotterdam vor Anker liegende deutsche Schiffe sprengen, ohne Hitlers Hauptquartier davon zu benachrichtigen. So glaubten nicht nur die Engländer, sondern auch das deutsche Oberkommando, die Schiffe seien von holländischen Partisanen angegriffen worden (die es gar nicht gab); und nun wies Hitler Canaris an, die Tätigkeit gegen die Widerstandsgruppen zu verstärken. Das war genau das Richtige, um die Engländer glauben zu machen, die Partisanen seien aktiv.«[105]

Täuschungsmanöver dieser Art dürften zwar nicht allzu häufig sein, doch immerhin hat es welche gegeben, und oft genug haben sie die Teilnehmer an einem Ausdrucksspiel dazu gebracht, an den allerhärtesten Beweisen zu zweifeln.

Man könnte meinen, ein Beobachter, der die Manipulation nebensächlicher und zentraler Zeichen vermutet, habe noch *eine* Möglichkeit: sich zu sagen, daß die Welt etwas Wirkliches ist, daß ihre vielen kleinen Ereignisse miteinander in realen Zusammenhängen stehen, und daß man dann, wenn *viele* unabhängige Indizien dasselbe besagen, wohl festen Boden unter den Füßen habe. Doch diese Vorstellung vom Zusammenstimmen der Tatsachen kann eben auch wieder ausgenützt werden. Kriegshandlungen sind natürlich die traditionelle Szene für diese großangelegte Täuschung; und kurz vor einem größeren Angriff kann man erwarten, daß sich das Kriegstheater ausbreitet und verstärkt – der wahre Höhepunkt der dramatischen Saison. So koordinierten anscheinend die Alliierten kurz vor der Invasion in Frankreich ihre Doppelagenten dahin, daß sie den Deutschen die falsche Parole einimpften, die Invasion werde im Juli bei Calais erfolgen.[106] Ein deutsches Aufklärungsflugzeug ließ man über den Hafen von Dover gelangen und ein Landungsboot fotografieren, das nicht nach der Normandie fahren konnte und somit für Calais bestimmt sein mußte.[107] Im Gebiet um Dover ließ man schlecht getarnte Panzerdivisionen sehen, aber nicht so gut sehen, daß man hätte erkennen können, daß sie aus aufgeblasenem Gummi waren.[108] Man baute Attrappen von Flugplätzen und von Schiffen, gleichzeitig wurden die wirklichen Einrichtungen so getarnt, daß sie wie Scheunen oder Schuppen aussahen.[109] Abhörbare Funksprüche kamen aus einem Hauptquartier in Südostengland, die den deutlichen Eindruck erweckten, daß die Invasion nicht in der Normandie stattfinden würde; sie stammten aber aus dem wirklichen Hauptquartier und wurden erst einmal in das falsche telefoniert.[110] Ein Doppelgänger Montgomerys befand sich in Gibraltar und traf Anstalten, nach Afrika zu gehen, was dafür sprach, daß die Hauptinvasion kaum von England ausgehen würde.[111] In Genf »wurden sämtliche vorrätigen Exemplare der Michelin-Karte Nr. 51 (Calais-Arras) aufgekauft«.[112] Und das Gebiet von Calais wurde doppelt so stark bombardiert wie die Normandie.[113] Ein gleichartiges Beispiel liefert uns ein anderer Kriegsschauplatz:

> »In Zeiten starker Spannungen geht man allgemein davon aus, daß der Gegner Täuschungsmanöver unternehmen wird. Vor dem Angriff auf Pearl Harbor führten die Japaner höchst ausgeklügelte und erfinderische Täuschungsmanöver durch. Unter anderem gaben sie zahlreichen japanischen Matrosen Landurlaub, verstärkten Garnisonen an der mandschurischen Nordgrenze, als wollten sie dort losschlagen, gaben falsche Kriegspläne an japanische Kommandeure aus und ersetzten sie erst Tage vor dem Angriff durch die richtigen, und auf diplomatischer Ebene erhielten sie den Schein der Verhandlungswilligkeit aufrecht.[114]
>
> ... der amerikanische Marineattaché ... meldete einen Tag vor dem Angriff auf Pearl Harbor nach Washington, er erwarte keinen Überraschungsangriff der Japaner, weil die japanische Flotte weiter an ihrem Hauptstützpunkt in Yokosuka vor Anker liege, wie die großen Mengen japanischer Matrosen in den Straßen von Tokio bewiesen. Doch der Marineattaché irrte sich tragisch. Zu eben dieser Zeit war die japanische Flotte bereits ein ganzes Stück auf dem Marsch nach Pearl Harbor. Die Matrosen in den Straßen von Tokio waren gar keine Matrosen, sondern als Matrosen uniformierte Soldaten, die die Amerikaner täuschen und das Auslaufen der Flotte mit ihrem schicksalsschweren Auftrag verbergen sollten.«[115]

Aus der Manipulierbarkeit geringfügiger und gewichtiger Anzeichen und ihrer Koordinierbarkeit folgt dieses: Je stärker sich der Beobachter darauf verlegt, unerschütterliche Hinweise zu finden, desto anfälliger – und das sollte ihm klar sein – ist er gegen eine Ausschlachtung seiner Bemühungen geworden. Denn schließlich ist ja gerade das vertrauenerweckendste Verhalten des Beobachteten dasjenige, wo er sich mit dem größten Vorteil verstellen könnte, falls er den Beobachter nasführen möchte. Eben die Tatsache, daß der Beobachter einen ganz bestimmten Hinweis als unverfälschbares Kriterium für Dinge nimmt, die verfälscht sind oder sein könnten, eben dies ist der Grund, warum er diesem Hinweis mit Mißtrauen begegnen sollte; *das beste Beweismaterial für ihn ist auch der beste Punkt, an dem der Beobachtete etwas drehen kann.* Wieviele Züge auch der Beobachter dem Beobachteten in einem Ausdrucksspiel voraus zu sein glaubt, er sollte nicht vergessen, daß gerade dieser Glaube für den Beobachteten am nützlichsten ist, wenn er den Beobachter schließlich doch noch hereinlegen will. Je mehr sich ein Spion anstrengen muß, um aufregende Geheiminformation zu erlangen, desto mehr vertrauen ihr vielleicht seine Auftraggeber; doch eben dies ist für den Gegner Grund genug, falsche Informationen nur denen zukommen zu lassen, die sich am härtesten um die wahren Tatsachen bemüht haben oder dafür zu sorgen, daß »umgedrehte« Agenten genug Aufhebens davon machen, wie schwere Arbeit sie mit der (über sie zugespielten) Information gehabt hätten.

So wie der Beobachter gerade den Indizien Zweifel entgegenbringen muß, die ihn des Zweifels entheben (und aus eben diesem Grunde), so kann auch der Beobachtete unterlaufen werden. Möchte etwa ein Paar, das ein Auto kaufen will, sich ernsthaft überlegen, wieviel es ausgeben will, so wird es sich dafür einen sicheren Ort und Zeitpunkt aussuchen. Das Büro des Verkäufers, wo er es allein läßt, um den »Geschäftsführer« zu suchen und sein Angebot bestätigen zu lassen, scheint für diese strategische Beratung bestens geeignet. Doch die beiden sollten darauf gefaßt sein, daß es da nicht nur eine Abhöranlage gibt und ihr Gespräch abgehört wird, sondern daß man sie in diesen Raum dirigiert hat, um ein Nachlassen der Kontrolle auszulösen.[116] Was sie leitet, davon hat sich ihr Gegenüber bereits leiten lassen. Oder wenn eine Ladendiebin in der Umkleidekabine einen diskreten Ort sieht, an dem sie über das neue Kleid ihr altes ziehen kann, dann könnte es gerade der Ort sein, den die Geschäftsleitung am ehesten mit einem von hinten durchsichtigen Spiegel auszustatten für nützlich hielt. Sicher gibt es Läden, in denen eine Ladendiebin mit dieser Möglichkeit nicht zu rechnen braucht, aber heutzutage ist es gar nicht unvernünftig, sich zu sagen, daß der beste Ort für einen Diebstahl gerade der schlechteste sein könnte. Und ähnliches läßt sich von Oberschülern sagen, die meinen, die Toilette sei ein Ort, an dem sich alle möglichen unerlaubten Geschäfte gefahrlos abwickeln ließen.

Ein klassisches Beispiel der Ausdrucksentartung ist das Umdrehen von Geheimagenten. Wenn etwa die Engländer entdecken, daß einer ihrer Diplomaten ein russischer Spion ist und ihn zu 42 Jahren Freiheitsstrafe verurteilen, und wenn er dann nach fünf Jahren entkommt, was sollen da die Russen denken? Ist er ihr Mann und ist das, was er ihnen berichtet hat, verläßlich? Oder war er die ganze Zeit ein Doppelagent, der ihnen falsche Informationen zugesteckt hat und dann kurze Zeit eingesperrt wurde, um zu demonstrieren, daß er nicht für die Engländer gearbeitet habe? Oder war er gegenüber den Russen loyal, wurde aber von den Engländern aufgespürt und ohne sein Wissen mit falschen Informationen für die Russen versorgt? Oder hat man ihn entkommen lassen, damit die Russen fälschlich annehmen, er habe in Wirklichkeit für die Engländer gearbeitet und seine Informationen seien somit falsch gewesen? Und wenn die Engländer ihrerseits wissen möchten, welche Bedeutung die Russen seinen Informationen beigemessen haben, so müssen sie wissen, ob ihn die Russen nun wirklich für ihren Mann halten, und wenn ja, ob sie glauben, daß das den Engländern von Anfang an bekannt war.[117]

Es ist noch ein letzter Gesichtspunkt zu betrachten. Hinter der Entartung des Ausdrucks stehen instrumentelle Züge, aufdeckende Züge und Gegenzüge zu aufdeckenden Zügen. Wie weit kann wohl dieses nochmalige Widerspiegeln gehen? Und wenn das Spiel von Zug und Gegenzug schließlich einmal aufhört, wo tut es das, und warum?

Dieser Regreß scheint nun durchaus begrenzt zu sein, und zwar aus mehreren Gründen.

Einmal ist es das Problem des Spielers, seinem Gegner genau einen Schritt voraus zu sein, und wenn dieser nicht offensichtlich sehr kenntnisreich und schlau ist, so kann es zu einem einfacheren Spiel kommen, als der Spieler eigentlich leisten könnte. Darauf kommen wir später zurück.

Zweitens kann ein Täuschungsmanöver auf jeden Fall als solches durchschaut werden, und dann liefert es der Gegenseite erhebliche Information. (Die bizarre Begeisterung der Engländer für Täuschungsmanöver im letzten Krieg könnte durchaus auch ein Schuß gewesen sein, der nach hinten losging.) Schließlich sind Angaben über einen Invasionsort entweder wahr oder falsch oder richtig, aber so lanciert, daß sie nicht geglaubt werden; und damit kann der Gegner, der die Übersicht behält, die in Frage kommenden Orte mindestens ein Stück einengen. Oder: Auch wenn ein Beobachter den Eindruck hat, daß unter zehn Verdächtigen einer mit lückenhaftem Alibi gerade deshalb unschuldig sein könnte, so lohnt es sich immer noch, ihn auf jeden Fall in die Mangel zu nehmen. Oder: Wenn einmal bekannt ist, daß der Gegner weiß, in welchen Städten auf eigener Seite die standesamtlichen Unterlagen vernichtet worden sind, so daß ein Agent, der von dort zu stammen behauptet, nicht so leicht überprüft werden kann, und wenn der Gegner zu dem Schluß kommt, die andere Seite wisse, daß er das weiß, dann kann es gute Taktik sein, so eine Stadt als seine Heimatstadt anzugeben, denn die andere Seite würde ja wohl davon ausgehen, daß ein kluger Spieler es *nicht* täte; doch es ist auch wiederum so, daß ein einmal aufgekommener Verdacht leicht durch andere Überprüfungsmethoden geklärt werden kann. Im Falle der verstorbenen Agnes Burley, einer Kellnerin, die ihren letzten Willen auf zwei Papierservietten kritzelte, wies das zuständige Notariat die Anfechtung durch Verwandte mit folgender Begründung zurück:

»Die primitive, nicht juristisch qualifizierte Form, in der das Testament geschrieben wurde, wie auch die Verwendung von Papierservietten, dürfte jedes betrügerische Zustandekommen ausschließen, denn wenn jemand ein falsches Testament hätte herstellen wollen, so hätte er ein viel formgerechteres Dokument produziert, das nicht so eingehend untersucht worden wäre ...«[118]

Es schiene also, daß jemand, der rechtmäßige Erben betrügen möchte, gut beraten wäre, wenn er seine Fälschung auf Servietten schreibt. Aber es wäre eben doch unklug. Es ist *möglich* und sogar wahrscheinlich, daß ein Richter einem solchen Dokument Gewicht beilegen würde, aber die beiden anderen Möglichkeiten müssen auch in Betracht gezogen werden. Einmal könnte er nicht so differenziert denken, daß er sich sagt, es würde niemand auf diese Art einen Betrug versuchen; oder er könnte noch einen Schritt weiter denken und sich sagen, man könnte gerade deshalb eine wacklige Sache zurechtgemacht haben, weil dann gewiß kein Betrugsverdacht entstehen würde. Kurz, wenn man sich einmal darauf eingelassen hat, genau vorauszusagen, wie differenziert der Gegner ist, dann hat man sich in Wirklichkeit schon auf ein Glücksspiel eingelassen.

Drittens dürfte es immer ein schicksalsschweres Dilemma geben zwischen der Raffiniertheit der versuchten Irreführung und der Vergewisserung, daß der Gegner den Hinweis überhaupt zur Kenntnis genommen hat. Invasionsmaterial wird gewöhnlich getarnt, und beide Seiten wissen das. Mit schlecht getarnten Attrappen wollte man den Gegner glauben machen, er habe echtes Kriegsgerät geortet (woraus er seine Folgerungen ziehen würde). Doch es wäre sicher schlimm, wenn man sich allzusehr auf eine solche Finte verlassen müßte. Es ist leicht, so gut zu tarnen, wie es überhaupt geht, oder auch so schlecht, daß sofort klar ist, daß da etwas nicht stimmt; aber woher soll man wissen, *wie* gut man tarnen soll, damit das Objekt nicht unentdeckt bleibt, aber auch nicht als verdächtig schlecht getarnt auffällt?

Außerdem kann man erwarten, daß bestimmte Ausdrucksspiele auf ihre eigenen natürlichen Grenzen stoßen. Gewiß muß ein Agent recht oft umgedreht werden, ehe er völlig wertlos geworden ist. Ist aber einmal der Informationsstand erreicht, daß beide Seiten wissen, daß die andere Seite weiß, daß er umgedreht worden ist, dann, so meine ich, ist das Spiel doch im wesentlichen gelaufen – und für ihn natürlich aus.

Schließlich gibt es Gesichtspunkte im Zusammenhang mit der Kampfmoral. Hier haben wir offensichtlich eine der Grenzbedingungen für hochentwickeltes Spiel vor uns. Die eigenen Leute bewußt in den sicheren Tod zu schicken, ohne daß sie davon etwas ahnen, das kann die Moral derer, die das entscheiden, oder derer, die es später einmal erfahren, untergraben. So kann etwa im Kriege eine Seite die Verläßlichkeit ihrer Agenten prüfen, indem sie ihnen von einem geplanten Luftangriff auf eine feindliche Stadt erzählt; man geht davon aus, daß, wenn die Agenten umgedreht oder unbekanntermaßen dem Gegner bekannt sind, die Stadt auf den Angriff vorbereitet wird und dieser keinen Erfolg hat. Und die andere Seite, die ihren Gegner nicht erfahren lassen möchte, daß seine Agenten umgedreht oder bekannt sind, kann dagegen die Stadt opfern, und das soll nach Meinung einiger Analytiker des Geheimdienstwesens schon geschehen sein. Doch sicherlich hört das Spiel irgendwo in der Nähe dieses Punktes auf, denn es gibt viele Spieler, die nicht die Möglichkeit haben, eine ganze Stadt in einem Spiel einzusetzen, oder die das Gefühl haben, ein solcher Schritt würde die Legitimität ihrer Regierungsmacht untergraben.[119] Viele empfanden Kennedys Ausführung des Kuba-Raketen-Spiels – so erfolgreich er auch im Rahmen des Spiels als solches war – als ein böses Vorzeichen dafür, daß Spielhaltungen sich auf unpassenden Gebieten breitmachen würden. (Und doch sind solche Manöver natürlich gerade deshalb, weil sie jeden bis an seine Grenzen treiben, überzeugende Züge und werden deshalb auch von manchen als vernünftig empfunden und vernünftigerweise auch beim Gegner erwartet.)

Es gibt also verschiedene Grenzen für die Möglichkeit wechselseitiger Irreführung. Da ist zunächst die Frage der Zerstörung, oder eher Disqualifikation, der Naivität. Der Beobachtete erkennt, daß sein Verhalten wahrscheinlich vom Beobachter mißtrauisch untersucht wird, und deshalb ist er besorgt, wie es gedeutet werden könnte – wie es dem anderen »erscheinen« könnte –, auch wenn er in Wirklichkeit gar nichts verbergen oder verändern möchte. Er wird dann vielleicht dazu gebracht, sein Verhalten zu frisieren, seine harmlosen Spuren zu verwischen, damit es nicht zu – sonst wahrscheinlichen – mißverständlichen Anzeichen kommt. Und er könnte den Eindruck haben, je harmloser sein Verhalten wirkt (weil es auch harmlos ist), desto mehr habe er etwas hervorgebracht, was sich nicht von einer guten Verstellung unterscheidet. Und auch der Beobachter könnte zunächst geneigt sein, das Verhalten des Beobachteten so zu nehmen, wie es erscheint, also als absichtslosen Zug, aber er könnte dann doch das Gefühl bekommen, man könne nie sicher sein, und jedenfalls glaube ja der Beobachtete selber nicht, daß der Beobachter sein Verhalten in gutem Glauben nehme, und deshalb sei es denn auch nicht ratsam, es zu tun. Entsprechend kann der Beobachter dahin kommen, von verbergenden Handlungen zu vermuten, sie seien darauf angelegt, durchschaut zu werden.

Doch genau wie die Naivität wird auch die Raffinesse disqualifiziert. Wie schon gesagt, die nützlichste Information ist auch die trügerischste. Und das weiß man. Deshalb wohl konnten die Deutschen im Zweiten Weltkrieg nicht glauben, daß der Spion Cicero so gutes Material bekommen könne, wie er behauptete und auch tatsächlich bekam; sie mußten ja damit rechnen, daß er von den Engländern eingeschleust war.[120] Ähnlich meint ein ehemaliger Agent:

> »Der Unterschied zwischen falsch und echt ist so prekär, daß manchmal ein echtes Angebot abgelehnt wird, weil man eine Falle vermutet. Einer der wertvollsten Informanten, den der NKWD je hatte, ein Oberstleutnant aus dem deutschen Generalstab, wurde zunächst abgewiesen, als er dem Militärattaché der sowjetischen Botschaft in Berlin seine Dienste anbot.«[121]

Kurz, wenn jemand freiwillig Geheiminformationen anbietet, wie kann man wissen, ob das Angebot echt ist oder das Gegenteil, nämlich der Eröffnungszug eines Spiels der Irreführung und/oder Infiltration?[122]

Diese Wirrnis verschärft sich noch in einer weiteren Hinsicht. Um je mehr es für die beiden Spieler geht, desto mehr »müßte« der Beobachtete zur Verschleierung motiviert sein und sich Gedanken darüber machen, daß man von ihm glaubt, er verschleiere, und desto mißtrauischer müßte der Beobachter sein. Es ist also zu erwarten, daß das Spiel umso prekärer wird, je stärker die Spieler am Gewinn interessiert sind, bis schließlich ein Punkt erreicht ist, an dem vom Ergebnis alles abhängt und es keine brauchbare Möglichkeit mehr für ein kluges Spielen gibt. Wenn es um wenig geht, dann sind die Anzeichen verläßlich; wenn man beim Spiel vielleicht alles lassen muß, dann – so möchte man denken – kann man sich auf nichts mehr verlassen.

Die Konsequenz dieses Niedergangs der Einschätzung ist bekannt. Es geht nicht mehr bloß darum, daß etwas, was so zu sein scheint, in Zweifel gezogen wird, sondern es kann vielmehr zu einem völlig demoralisierenden Hin- und Herschwanken der Deutung kommen: einmal hat der Spieler das Gefühl, er sei übermäßig mißtrauisch und sollte den anderen lieber so nehmen, wie er sich gibt, oder schlimmstenfalls als jemanden, der normale Tarnung betreibt; im nächsten Augenblick hat er wieder das Gefühl, man habe ihm eine Falle gestellt. Einmal hat er vielleicht das Gefühl, jetzt sei er endlich auf Indizien gestoßen, die nicht gefälscht werden könnten, und im nächsten Augenblick sagt er sich schon, sie könnten gerade zu dem Zweck hergestellt worden sein, daß er sie so auffasse. Eine offenbar harmlose Erscheinung ist gerade die, die ein guter Spieler, der etwas auf dem Kerbholz hat, sich geben würde. Eine Erscheinung, die offensichtlich verdächtig ist, kann Harmlosigkeit demonstrieren, denn kein gewiegter Spieler würde sie entstehen lassen. Aber Harmlosigkeit kann eben auch Harmlosigkeit signalisieren, und verdächtige Erscheinung, daß etwas nicht in Ordnung ist.

In unwichtigen Situationen gibt es ein tröstliches Kontinuum mit echten Erscheinungen am einen Ende und offenbar gefälschten am anderen – die einzige Schwierigkeit sind Fälle dazwischen. Doch in wichtigen Angelegenheiten, in denen harte Interessengegensätze aufkommen, können die Enden des Kontinuums zusammentreffen und einen furchtbaren Zirkel bilden. Wenn die Verhältnisse genau so zu sein scheinen, wie sie aussehen, dann ist die allernächste andere Möglichkeit die, daß alles von Grund auf Trug ist; wenn der Betrug auf der Hand zu liegen scheint, dann ist die wahrscheinlichste andere Möglichkeit die, daß keine Täuschung vorliegt.

Hinter diesen Tatsachen des Spiel-Lebens scheint mir ein interessanter nichtumkehrbarer Vorgang zu stehen, der Ereignisse, Ausdruckselemente und Kommunikation miteinander verknüpft. Ein Ereignis im Zusammenhang mit einem Beobachteten, von dem er aber nichts weiß, wird von einem Beobachter entdeckt und liefert ihm strategische Information über den Beobachteten. Dann kann das Ereignis eine Zeitlang als unmittelbare Informationsquelle für den Beobachter dienen. Das Ereignis hat eine gewisse Lebensdauer als Signal – als absichtsloser Zug. Doch bald merkt der Beobachtete, daß er sich durch diese Handlungsweise verrät, und beginnt mit dem Versuch, die Dinge zu manipulieren, und gleichzeitig könnte der Beobachter den Eindruck gewinnen, er könne sich auf das Zeichen nicht mehr verlassen. An diesem Punkt kann das Ereignis zwei mögliche Entwicklungen nehmen. Es kann bald jede Bedeutung als Zeichen für irgendetwas Wichtiges verlieren und aus dem aktiven Interessenfeld der beiden Parteien ausgeschieden werden. Es hat sich gewissermaßen verbraucht. Andererseits kann aber auch der Beobachtete damit beginnen, mit ihm erklärtermaßen das anzuzeigen, was ihm der Beobachter ursprünglich entnommen hatte, und dieser könnte es allmählich in dieser neuen Funktion akzeptieren. Das Ausdrucksverhalten geht also in Kommunikation über und behält diese Funktion, bis sich – und das ist wahrscheinlich – Gründe für gegenseitiges Mißtrauen ergeben, diesmal aber im Zusammenhang mit den normativen Bindungen der Parteien an dic Kommunikation. Und so fällt das Ereignis auch wieder aus seinem aktiven Status in dem Ausdrucksspiel zwischen Beobachter und Beobachtetem heraus, diesmal aber an einer anderen Undichtigkeitsstelle.[123]

6 Das Modell von Beobachter und Beobachtetem

Wir wollen jetzt auf einige der allgemeinen Zweifel zu sprechen kommen, die man der Konstruktion von Beobachter und Beobachtetem entgegenbringen kann.

In dem hier dargestellten einfachen Modell wurde eine Person zum Beobachter oder Informationssucher gestempelt und der anderen die Rolle des Beobachteten oder Verbergenden zugewiesen. Doch dieses Bild von der Funktionsdifferenzierung wurde schon stillschweigend mit Qualifikationen versehen. Wir sahen, daß der Beobachter, wenn er sich brauchbar informieren will, gut daran tut, zu verbergen, daß er irgendetwas anderes tut als den Beobachteten so zu nehmen, wie er sich darstellt – sonst wird dieser mißtrauisch, und der Beobachter straft seine eigene demonstrierte Unbefangenheit Lügen. Damit ist auch der Beobachter ein Verbergender. Und wenn der Beobachtete gut verheimlichen will, dann empfiehlt es sich für ihn, sich aktiv um die Klärung der Frage zu bemühen, ob man wohl Verdacht gegen ihn hegt;

damit ist auch er ein Informationssucher. Es kommt hier freilich zu keiner wirklichen Rollensymmetrie, denn nur an ganz bestimmten Punkten des Ausdrucksspiels übernimmt ein Spieler einmal eine Funktion, die der des anderen entspricht.

Hier ist noch eine weitere Qualifikation zu erwähnen. Kommt ein Beobachteter zu dem Schluß, ein Beobachter versuche, seine Tarnungen zu durchstoßen und völlig zuverlässige Hinweise auf seine Pläne, Möglichkeiten usw. zu erlangen, dann kann er, wie schon gesagt, mittels dieser für ganz nebensächlich und unmanipulierbar gehaltenen Zeichen dem Beobachter etwas weismachen. Das ist der Gegenzug gegen das Aufgedecktwerden. Und manchmal ist es dann so, daß ein Beobachter nicht nur seine Geheimnisse auf diese vertiefte Art absichert, sondern auch die Situation aktiv dazu ausnützt, einen vorteilhaften Eindruck auf den Beobachter zu machen. Und gerade die Tatsache, daß Beobachter auf diese Art gefährdet sind, wird zu einer eigenständigen Grundlage dafür, daß der Beobachtete einen Kurs einschlägt, der zu dieser letzten Manipulationsgrundlage führt. Hier kann man immer noch von einem ursprünglichen Beobachter und Beobachteten sprechen. Doch in Wirklichkeit sind die wieder-verbergenden Züge des Beobachteten keine Reaktion auf die Brüchigkeit seiner Situation; vielmehr setzt der Beobachtete selbst das Spiel in Gang, nur um diesen letzten Zug tun zu können.

Doch auch diese Qualifikationen geben noch ein zu einfaches Bild. Für analytische Zwecke empfiehlt es sich, von den Ausdrucksspielen nur solche um eine einzige Information zu betrachten. Doch im wirklichen Leben ist es meist so, daß der Beobachter eine Tatsache über den Beobachteten herausfinden möchte und dieser gleichzeitig ganz andere Tatsachen über den ursprünglichen Beobachter. Spielerpaare, die ein bestimmtes Ausdrucksspiel gegeneinander spielen, sind im allgemeinen noch in weitere Spiele verwickelt, hier aber wahrscheinlich mit umgekehrter Rollenverteilung. Jeder Informationssucher ist daher in doppelter Weise ein Verbergender und jeder Verbergende in doppelter Weise ein Sucher.[124] Zwei Personen können also gegeneinander spielen, während sie gleichzeitig aneinander vorbeispielen.

Trotz dieser verschiedenen Qualifikationen glaube ich nicht, daß die Unterscheidung der beiden Rollen von Beobachter und Beobachtetem völlig unbegründet ist, oder daß es für jeden einzelnen Aspekt der Interaktion gleichgültig ist, welchem Beteiligten man welche Rolle zuordnet.

Ein zweiter allgemeiner Gesichtspunkt läßt sich folgendermaßen beschreiben: Obwohl es in Ausdrucksspielen zwei funktional differenzierte Rollen gibt, muß der gute Beobachter darauf achten, was dem Beobachteten gegenwärtig ist, und der gute Beobachtete muß darauf achten, was der Beobachter weiß; und damit müssen beide Beteiligten dasselbe im Kopf haben und wissen, daß der andere dies weiß. Im Hinblick auf die Information sitzen beide Spieler im selben Boot. Die berühmte Minimax-»Lösung« in der Spieltheorie geht in der Tat von diesem gemeinsamen Informationsstand aus und leitet daraus eine stabile gemeinsame Entscheidung ab. G. H. Mead machte aus anderen und sehr viel allgemeineren Gründen die nämliche Annahme über seine Spieler.

Doch in vielen Ausdrucksspielen ist, wie schon gesagt, diese Annahme der vollständigen Intersubjektivität unberechtigt. Wenn ein Beobachteter den Beobachter dazu bringen möchte, ein arrangiertes Indiz für echt zu halten, dann genügt es nicht, wenn er sich einfach an die Stelle des Beobachters versetzt und sein eigenes Reflexionsniveau als Orientierungspunkt für die Voraussage benutzt, wie der Beobachter reagieren wird – hier hat Mead nicht recht. Daß der Beobachter der Schlauere sein und seine Voraussage überflügeln kann, liegt auf der Hand. Weniger offensichtlich ist, daß der Beobachtete auch verlieren kann, weil er zu gut spielt, was ausgefuchste Pokerspieler manchmal erfahren müssen. Die spieltheoretische Annahme, der Gegner sei genau so gewitzt wie man selbst, ist im Alltagsleben nicht die klügste. Der Beobachtete muß der Eskalation der Züge und Gegenzüge an dem Punkt ein Ende setzen, an dem er genau einen Schritt Vorsprung gegenüber dem letzten Schritt des Beobachters zu haben glaubt – auch wenn er sich nötigenfalls noch viel höher schrauben könnte. Als etwa die Engländer den »Mann, den es nie gegeben hat« in den spanischen Küstengewässern absetzten, gaben sie sich Mühe, die Leiche mit Kleinigkeiten auszustatten, die die Deutschen von der Echtheit des Fundes überzeugen würden; doch das waren nicht unbedingt Kleinigkeiten, die den britischen Geheimdienst überzeugt hätten:

»Stellen Sie sich vor, Sie seien ein englischer Geheimdienstler; Sie haben einen Gegenspieler im feindlichen Geheimdienst, etwa – wie im letzten Krieg – in Berlin; und über ihm steht die deutsche Wehrmachtführung. Was Sie als Engländer mit englischem Hintergrund aus einem Dokument ablesen zu können glauben, ist völlig gleichgültig. Es kommt darauf an, was Ihr *Gegenspieler* mit seinen deutschen Kenntnissen und seinem deutschen

> Hintergrund für wesentlich hält – welche Deutungskonstruktion *er* auf dem Dokument errichten wird. Wenn Sie also wollen, daß *er* das und das denkt, dann müssen Sie ihm etwas in die Hand geben, was *ihn* (und nicht *Sie*) veranlaßt, das zu denken. Er könnte aber mißtrauisch sein und Bestätigungen suchen; Sie müssen sich vorzustellen versuchen, was *er* für Nachforschungen anstellen wird (und nicht, welche *Sie* anstellen würden), und ihm die Antworten liefern, die ihn zufriedenstellen. Mit anderen Worten, Sie müssen daran denken, daß ein Deutscher nicht so denkt und reagiert wie ein Engländer; deshalb müssen Sie sich in ihn hineinversetzen.« [125]

Zwei englische Gruppen könnten das Spiel gegeneinander wohl eleganter spielen.

Noch etwas. In der vorliegenden Arbeit sind wir stets von zwei Parteien ausgegangen, von einem Beobachteten, der sein Ausdrucksverhalten kontrollieren, und einem Beobachter, der sich richtige Informationen beschaffen muß. Ein Grenzfall war der des erzwungenen Austauschs, bei dem der Beobachtete gegen seine eigenen Interessen handeln mußte. Nun deckt die Analyse mit zwei Parteien die meisten Tatsachen ab, aber doch nicht alle. An bestimmten Punkten muß die Analyse mit drei Parteien arbeiten. Nehmen wir etwa die unritterliche Methode des »Einschmuggelns«. Um seine Einschätzung zu untermauern – das heißt, um andere zu veranlassen, eine Situation in bestimmter Weise einzuschätzen –, schmuggelt ein Beobachter wohl Beweisstücke ein oder sagt dem Beobachteten gewisse Handlungen nach, so daß dieser feststellen muß, daß dem Beobachter genau die Tatsachen vorliegen, nach denen er gesucht hat. Natürlich wird sich der Beobachter dadurch nicht hereinlegen lassen, und das wird auch nicht erwartet; vielmehr soll ein neutraler Dritter dadurch eingeseift werden. So wird oft behauptet, die Polizei bringe Drogen in die Wohnung eines als Rauschgifthändler Verdächtigen, damit er auf jeden Fall überführt werden könne. Geheimdienstler sollen schon Geld an einen Spion geschickt haben, den sie in Wirklichkeit gar nicht umgedreht hatten, damit seine Auftraggeber Verdacht schöpfen. Man beachte, daß die Möglichkeit des Einschmuggelns daran denken läßt, daß wir die ganze Zeit davon ausgegangen sind, daß dem Beobachteten bestimmte Gebiete seiner Umgebung zustehen und er das ausschließliche Recht hat, hier die Eindrücke zu manipulieren, so gut er es gegen seinen Gegner kann. Das Einschmuggeln verstößt gegen diese Regel, es dringt in diesen eigentlich dem Beobachteten vorbehaltenen Handlungsbereich ein. Trotzdem können auch die härtesten Ausdrucksspiele diese Regel achten, und gewöhnlich tun sie es auch, denn das Einschmuggeln scheint ein unentwickelter Zweig des Spiels zu sein.

Die Analyse mit drei Parteien könnte also zu Fragen führen, die sich nicht stellen lassen, wenn man nur einen Beobachter und einen Beobachteten betrachtet. Nehmen wir als Beispiel noch einmal das Doppelagententum.

Will man die Beziehungen eines umgedrehten Agenten zu seinen beiden Auftraggebern abstrakt analysieren, so muß man die persönlichen Beziehungen und das Kommunikationssystem betrachten. Eine allgemeine Aussage, die das alles berücksichtigt, ist kompliziert und läßt sich leichter hinschreiben als verstehen. Um den Überblick zu erleichtern, wollen wir unseren Parteien vorübergehend Namen geben. Nennen wir sie Peter, Paul und Maria.

Wie immer man »persönliche Beziehung« definiert, man kann wohl davon ausgehen, daß die betreffenden Personen einen gewissen Grad – er kann hoch oder niedrig sein – von Offenheit zwischeneinander erwarten, und daß die Stabilität der Beziehung von der Einhaltung dieser Bedingung abhängt. (So bilden persönliche Beziehungen eine soziale Grundlage für einen Kommunikationskanal, und dieser wird zu einem der definierenden Merkmale einer Beziehung.)

Die persönliche Beziehung zwischen Peter und Paul ist stabil, wenn nichts, was Paul darüber herausfinden kann, ob Peter selbst das glaubt, was er Paul sagt, bei Paul die Bereitschaft erschüttern kann, dies Gesagte so zu nehmen, wie es dasteht, als etwas, was Peter auch selbst glaubt. Kurz, Peter kann seine Kommunikationen so handhaben, daß er nicht bloßgestellt werden kann, wenn sie auch nicht unbedingt alle richtig sind. Andererseits gibt es Umstände, die die Stabilität erschüttern: Peter kann versuchen, Paul mit wissentlich falschen Aussagen irrezuführen, die er so hinstellt, als glaube er sie. Hier kann es zu einer explosiven Entdeckung kommen, das heißt, einer Enthüllung, die das Einverständnis zwischen Paul und Peter bezüglich Peters Aufrichtigkeit erschüttert. Man beachte, daß in stabilen Beziehungen Peter dem Paul Informationen vorenthalten kann, sofern er nur dies nicht verheimlicht, und sofern diese Beschränkung der Offenheit schon als Bestandteil der Beziehung akzeptiert worden ist.

Eine völlig stabile Beziehung zwischen Peter und Paul in einer oder gar in beiden Richtungen ist im wirklichen Leben gewöhnlich nicht möglich. Zum Beispiel müßte jeder dem anderen auf taktvolle Weise auch Negatives über ihn sagen. Immerhin versuchen die Menschen oft, so viel Stabilität zu sichern wie nur möglich. Peter könnte durchaus eine Diskrepanz zwischen dem, was er sagt und was er denkt, riskieren, falls nur er allein über die Information verfügt, die ihn bloßstellen würde. Andererseits dürfte er Diskrepanzen, deren Zutagetreten er nicht zuverlässig verhindern kann, um jeden Preis vermeiden wollen. Und so kommt es zu der Methode des »Abdeckens«, bei der Peter freiwillig Paul alles erzählt, was nötig ist, um Peter vor der Möglichkeit zu schützen, daß Paul von anderer Seite etwas erfährt, was, wie sich dabei zeigt, Peter ihm hätte selbst mitteilen können und sollen, wenn er sich an ihre Beziehung gehalten hätte. Das alles war in unseren Bemerkungen zum Verhör bereits mittelbar enthalten.

Kommuniziert Peter mit Maria, so wird er wiederum eine Reihe von Gründen haben, das, was er sagt, zu frisieren, genau wie in seiner Behandlung von Paul, nur daß jetzt andere Meinungen betroffen sind, unter ihnen seine Bewertung von Maria. Und so kann es dazu kommen, daß Peter der Maria Dinge mitteilt, die geeignet sind, das Verhältnis, das er gegenüber Paul aufgebaut hat, Lügen zu strafen oder zu zerstören. Stehen nun Maria und Paul miteinander in Verbindung, so sieht sich Maria in einer auf interessante Weise delikaten Position. In jedem einzelnen Augenblick gibt es für sie zwei Möglichkeiten des Kommunikationsverhaltens. Sie kann davon Abstand nehmen, Paul zu sagen, was sie, aber nicht er, über Peters Meinung von ihm weiß. Damit begibt sie sich faktisch in eine Koalition mit Peter gegen Paul und gewinnt selbst Macht über Peter – sie kann seine Beziehung zu Paul verderben. Die andere Möglichkeit für Maria ist, Paul die Peterschen Geheimnisse vor ihm zu verraten. Damit verändern sich die Beziehungen in dem Trio folgendermaßen: Marias Beziehung zu Peter gerät in Gefahr. Wenn ihm Paul erzählt, was ihm Maria verraten hat, dann ist ihre Beziehung zu Peter untergraben. Solange Paul nichts erzählt, hat er eine zweifache Macht. Wie gesagt, kann er Marias Beziehung zu Peter ruinieren. (Dadurch wird die Aufgabe eines Nachrichtendienstlers so delikat; will er Agenten anwerben, so muß er sich Leuten eröffnen, die noch keinen Grund haben, seine bloßstellbare Beziehung zur normalen Gesellschaft zu schützen.) Und Paul hat auch eine Art Macht über Peter – weil ja Peter ein Verhältnis zu Paul aufrechterhalten muß, von dem er gar nicht weiß, daß es nicht mehr überzeugt.

Man beachte, daß das, was hier über Peter, Paul und Maria gesagt wurde, genauso über Paul, Peter und Maria und über die vier weiteren möglichen Kombinationen dieser drei Akteure gesagt werden kann.

Außerdem scheint sich gern folgende zirkuläre Verflechtung einzustellen: jedes Mitglied des Trios ist jedem anderen ausgeliefert, und jedes steht mit jedem anderen in einer Koalition. Eine solche Verflechtung instabiler Kommunikationsbeziehungen kann sogar eine gewisse Stabilität aufweisen, weil es so viele Einflußmöglichkeiten gibt – jeder kann faktisch jeden anderen erpressen.[126]

Doch im allgemeinen ist bei Dreiergruppen, nicht anders als bei Zweiergruppen, eine gewisse Instabilität zu erwarten. Deshalb findet man manchmal die Praxis des »Reinen-Tisch-Machens« – das heißt, ein Beteiligter, sagen wir Peter, macht besondere Anstalten, um zu gewährleisten, daß weder seine Beziehung zu Paul noch zu Maria durch eine Enthüllung von anderer Seite untergraben werden kann. Dazu sagt er jedem, was er dem anderen sagt, und sagt auch jedem, daß er es dem anderen gesagt hat. Natürlich hätte Peter dann immer noch Geheimnisse bei sich, die ihm Paul anvertraut hat (und die Maria gern erfahren würde), und die ihm Maria anvertraut hat (und die Paul gern erfahren würde). Eine vollständige Bereinigung des Netzes liegt vor, wenn jeder der drei Beteiligten bezüglich seiner Kanäle reinen Tisch macht. Man könnte hinzufügen, je länger die Dreiergruppe besteht, und je mehr Wichtiges den Mitgliedern voneinander bekannt ist, desto eher dürfte das System instabil sein, oder aus unerfreulichen Gründen stabil; vielleicht auch, je mehr sich die Mitglieder nach einer Zeit sehnen, als alles noch nicht so schwierig war.

7 Folgerungen

Es ist gewiß richtig, daß Nationen im Kriege (und wahrscheinlich auch Industrieunternehmen im Frieden) großartige Dienste von erfolgreichen Spionen geleistet bekommen haben; Sorge und Cicero sind nur zwei Beispiele von vielen. Doch ebenso gewiß kann man den Globalwert von nationalen Nachrichtendiensten bezweifeln.[127]

Je nötiger es eine Organisation hat, eine bestimmte Information zu gewinnen oder zu hüten, desto mehr muß sie ihren Mitarbeitern mißtrauen, denn gerade dann wird sich der Gegner am stärksten bemühen, welche für sich zu gewinnen. Wer in der Heimatorganisation tätig ist, kann auf dem Wege über Ideologie, Erpressung, Bestechung und Nachlässigkeit abgeworben werden. Die Agenten in Feindesland sind noch viel gefährdeter. Sie können leicht gefaßt werden, ohne daß es bekannt wird, und mit der Schonung ihres Lebens dazu bestochen werden, für die andere Seite zu arbeiten. (Und selbst wenn ihnen ihre neuen Auftraggeber nicht trauen können, sobald sie ihnen einmal nicht auf die Finger sehen können, sind sie immer noch brauchbar, denn in Kriegszeiten besteht ein erheblicher Teil der Tätigkeit eines Agenten darin, Nachrichten zu empfangen und zu senden und den Empfang von Agenten und Gütern vorzubereiten.)

Für einen Geheimdienst führt Rationalisierung im herkömmlichen Sinne zu besonderen Gefährdungen und Wachstum zu besonderen Schwächen. Die hierarchische Organisation führt dazu, daß ein Mann, der nahe der Spitze »sitzt«, die gesamte Organisation gefährden kann. In der Feldarbeit bedeutet die horizontale Ausdehnung durch neue Verbindungen, daß die Festnahme eines Spions nach und nach zur Aufrollung eines ganzen Netzes führen kann.[128] In beiden Fällen kann durch ein illoyales Mitglied noch viel größerer Schaden angerichtet werden. Die übliche Vorkehrung besteht in isolierten Zellen und möglichst wenig Kommunikationskanälen. Doch das wiederum behindert die Koordination der Tätigkeit und, in gefährlichem Maße, die Bestätigung von Informationen.

Hinter der Instabilität der Geheimdienstorganisation stehen, wie mir scheint, zwei Grundtatsachen. Zum einen ist ein großer Teil der Arbeit der Organisation letzten Endes davon abhängig, daß Informationen gehütet werden, die die andere Seite sucht. (Das trifft unmittelbar auf die Abwehr zu und mittelbar auf die Spionage, letzteres einfach deshalb, weil Agenten nicht die Geheimnisse anderer Organisationen aufdecken können, ohne ihre Versuche geheimzuhalten.) Und von allen Dingen dieser Welt ist Information am schwierigsten zu hüten, weil sie gestohlen werden kann, ohne entfernt zu werden. Zweitens muß man zur Arbeit mit Information Menschen einsetzen, und von allen Fähigkeiten eines Menschen dürfte ihn die, daß er mit Information umgehen kann, am allerverletzlichsten machen. Daher liefern die geheimdienstliche Arbeit und der Geheimdienstler viel Anschauungsmaterial über Ausdrucksspiele. Hier erkennt man am deutlichsten die Gefahren, die ein Organisationsmitglied kraft seiner Eigenschaft als Quelle und Verwalter von Information heraufbeschwören kann. Und hier erfährt man auch am leichtesten etwas über die üblichen Auffassungen von den moralischen und praktischen Grenzen dieser Fähigkeit.

Ein letztes. Es liegt auf der Hand, daß die Erfahrung von Geheimagenten – und noch mehr die populären Darstellungen der angeblichen

Erfahrungen von Geheimagenten – ein allzu farbiges Material bilden dürften, als daß man darauf eine Analyse der Ausdrucksspiele aufbauen könnte. Trotzdem meine ich, daß die Verwendung dieser Literatur nicht ganz unberechtigt ist. Geheimdienstleute, vor allem die der größeren Länder, haben erhebliche Mittel zur Verfügung; sie haben ein gewisses Maß an Spezialausbildung; den stillschweigenden Segen einer Regierung dazu, auch Gewalttaten zu begehen; und sehr wichtige Aufgaben. In diesen Beziehungen unterscheiden sie sich von gewöhnlichen Sterblichen. Doch genau wie jeder andere müssen sie sich mit einem ganz massiven Unsicherheitsmoment abfinden: Die Hauptwaffe und die wichtigste verwundbare Stelle des Spielers ist er selbst. Eine Tätigkeit, die einen internationalen Zwischenfall heraufbeschwören könnte, erfordert Umstände und Fähigkeiten, die sich auf die in der unmittelbaren Umgebung ablaufenden Spiele auswirken. So hielt es zum Beispiel der große russische Spion Sorge, nachdem er es fertiggebracht hatte, inoffizieller Sekretär des deutschen Militärattachés in Tokio zu werden, für nötig, Dokumente in Botschaftsräumen zu fotografieren, in denen er leicht hätte überrascht werden können.[129] Das hätte seine Berufsidentität ziemlich dramatisch verändert. Doch er konnte kühl seine gefährliche Tätigkeit ausführen. Das Besondere hier sind der Ort, das Gerät und die Folgen einer Entdeckung. Doch das ist nur dem Grade nach etwas Besonderes. Im Mittelpunkt steht ein Mensch, der eine komplizierte technische Leistung in kurzer Zeit unter Verhältnissen erbringen muß, unter denen die Gefahr der Entdeckung durch andere und der Entlarvung beträchtlich ist; und er muß diese technische Aufgabe erledigen, ohne seine Schnelligkeit durch das Nachdenken über seine Situation beeinträchtigen zu lassen – denn das würde nur die benötigte Zeit, das Risiko, die Angst vermehren, was seinerseits wieder zu schlechterer Leistung führen könnte. Wir alle stehen einmal vor solchen Situationen, die freilich in jeder Hinsicht weniger extrem sind, und daß man dieses Kern-Gefährdungsmoment mit dem Agenten gemeinsam hat, das macht Agentengeschichten bedeutsam. Oder wenn jemand klobige Sende- und Empfangsgeräte in einem Rucksack versteckt hat und so tut, als wäre er auf einer Wanderung [130], oder wenn sich jemand regelmäßig mit einem Mitglied seines Spionagerings in seinem eigenen Hause trifft unter dem Vorwand, daß seine Tochter Malstunden bekommt [131], oder wenn jemand eine wichtige Nachricht einem Mitarbeiter zusteckt, während er einem Mitglied einer anderen Botschaft auf einer Cocktailparty die

Hand schüttelt, so treibt er spektakuläre Verschleierung; aber jeder mußte schon einmal seinen Körper zur Deckung richtig halten, oder er hat normale soziale Kontakte als Schutzwand für fragwürdige Geschäfte benutzt, oder er hat einen »einleuchtenden« Grund für Handlungen erfunden, die einer verborgenen Absicht entspringen. Es ist etwas Ungewöhnliches, auch in der Spionage, daß jemand »seine Stellung bezieht« und vierzehn Jahre im Spiel bleibt, wobei er sich gesellschaftlich als Eigentümer eines Uhrmacherbetriebs etablierte, so daß er sich bewegen konnte, wenn es nötig war – wie es »Albert Oertal« getan hat [132]; aber jeder ist schon einmal aus Gründen, über die er nicht gern Auskunft gegeben hätte, irgendwo hingegangen und hat sich mit »einleuchtenden« Gründen abgesichert. Vor allem sind es gesuchte Delinquenten, Spione und Geheimpolizisten, die sich ständig in einer falschen persönlichen und/oder sozialen Identität denen präsentieren müssen, die sie gut zu kennen vermeinen; doch es kann kaum jemanden geben, der sich nicht schon einmal Sorgen über einen Verlust seiner persönlichen oder sozialen Identität gemacht hätte, sei es durch mangelnde emotionale und verstandesmäßige Selbstkontrolle, durch Nichtunterdrückung von Ausdruckselementen oder durch Anerkennung einer sozialen Beziehung, die er nicht haben dürfte, oder durch Sehenlassen abweichender sozialer Praktiken.

Und vergessen wir nicht: genau wie wir ihnen in wichtigen Beziehungen gleichen, so auch sie uns. Bei unseren alltäglichen Kontakten in Geschäften und Büros kommt es immer wieder dazu, daß wir um Rat fragen und uns dann überlegen müssen, was wir mit dem Rat anfangen sollen, indem wir zu analysieren versuchen, ob der Ratgeber auf uns aufrichtig gewirkt hat. Beim Kontakt mit unserem Arbeitgeber stehen wir vor einer ähnlichen Aufgabe; er hat Gründe, seine wirkliche Meinung fast völlig mit einem entspannten, aufmunternden Gehabe zu verdecken, und wir haben Gründe für den Versuch, daraus zu entnehmen, was er »wirklich« denkt. Nicht anders steht es in den wärmeren Kreisen des sozialen Lebens. Gewiß hat jeder Erwachsene, der einen Partner hat, schon einmal Anlaß zu Zweifeln an dem die Beziehung betreffenden Ausdrucksverhalten gehabt und dann zu Zweifeln an seinen Zweifeln, während er selbst noch dem anderen Gründe für den Verdacht lieferte, daß etwas in Zweifel geraten sei. Das sind also die Anlässe zu unseren Ausdrucksspielen, doch die Spieler, die für einen Staat tätig sind, spielen hier auch. Wer die Geschicke eines Staates lenkt, muß schicksalsschwere Entscheidungen aufgrund des Eindrucks der Vertrauenswürdigkeit seiner Verhandlungspartner fällen; und ein Geheimdienstmann ist darauf angewiesen, daß er die von seinen Agenten an den Tag gelegte Loyalität richtig beurteilt.

In jeder sozialen Situation ist in irgendeinem Sinne ein Beteiligter Beobachter, der etwas zu gewinnen hat, indem er Ausdrucksverhalten beurteilt, und ein anderer ist Beobachteter, der etwas zu gewinnen hat, wenn er es manipuliert. Hier findet man ein und dieselbe Unsicherheitsstruktur, die den Agenten ein wenig uns gleichen läßt und uns alle ein wenig dem Agenten.

II. Strategische Interaktion

Immer wenn sich Analytiker der menschlichen Verhältnisse mit dem beschäftigt haben, was Menschen miteinander treiben, wurde auch die Frage der Berechnung akut: Wenn ein ehrenwerter Grund für eine Handlung angegeben wird, soll man dann einen tieferliegenden vermuten? Wenn ein Mensch bei einem Versprechen oder einer Drohung überzeugenden emotionalen Ausdruck an den Tag legt, soll man ihm glauben? Wenn jemand von Gefühlen überwältigt scheint, verhält er sich vielleicht bewußt so, um eine bestimmte Wirkung zu erzielen? Wenn jemand in bestimmter Weise auf uns reagiert, sollen wir darin etwas Spontanes sehen, oder hat er alle anderen möglichen Reaktionen durchgeprüft und ist zu dem Ergebnis gekommen, diese sei die vorteilhafteste? Und ob wir nun solche Sorgen haben oder nicht, sollten wir uns darüber welche machen, daß der andere glaubt, wir machten uns welche?

In den letzten Jahren wurde diese alte Frage der Berechnung von den Spieltheoretikern aufgegriffen und ausdifferenziert. In der vorliegenden Arbeit wird versucht, das hinter der Spiel-Betrachtungsweise stehende analytische System herauszuarbeiten und seine Beziehungen zu anderen analytischen Betrachtungsweisen interpersoneller Vorgänge aufzuzeigen.

I

Die Menschen beobachten typischerweise ihre Situation, um sich eine Vorstellung davon zu bilden, was Wichtiges um sie herum geschieht und wahrscheinlich geschehen wird. Anschließend setzen sie oft eine andere Seite der menschlichen Intelligenz ein, nämlich die des Entscheidens zwischen verschiedenen möglichen Reaktionsweisen. Hier kommt es oft zu einer Art Maximierung des Gewinns, und zwar häufig unter Ungewißheit oder Risiko. Das ist eine der Bedeutungen, in der man einen Handelnden »vernünftig« nennt, und gleichzeitig eine ethisch neutrale Betrachtungsweise dafür, wie weit verschiedene Handlungsweisen wünschenswert und empfehlenswert sind. Es geht um *vernünftige Entscheidungen.*

Offenbar arbeiten Beurteilung und Entscheidung mit verwandten Seiten der Intelligenz wie dem Speichern von Erfahrungen über Ereignisse und dem Rückgriff auf sie, wenn es darauf ankommt. Wessen Interessen aber die Intelligenz eines Menschen dient, das ist eine ganz andere Frage, die den Übergang von der psychologischen zur sozialen Betrachtungsweise erfordert.

Die Gegenstände, mit denen sich die vorliegende Arbeit beschäftigt, könnte man *Parteien* nennen und als etwas definieren, was ein einheitliches Interesse hat. Mit einer *Koalition* ist eine Vereinigung von zwei oder mehr ansonsten gegeneinanderstehenden Parteien gemeint, die eine Zeitlang und im Hinblick auf bestimmte Ziele ein und dasselbe Interesse verfolgen.

Die Interessen einer Partei werden verfolgt durch Handlungen einzelner im Namen der Partei, die von ihr dazu ermächtigt und auch dazu fähig sind. Ein einzelner Handelnder heißt *Spieler* (oder gelegentlich »Akteur«). Er setzt menschliche Intelligenz dazu ein, die Situation »seiner« Partei zu beurteilen und eine mögliche Handlungsweise auszuwählen, womit dann seine Partei auf diese festgelegt ist. Man beachte, daß jemand gleichzeitig für eine Partei spielen und – in einer anderen einschlägigen Eigenschaft – Bestandteil der Partei selbst sein kann, wie jeder leitende Angestellte weiß, der die Möglichkeit zum Erwerb von Anteilen hat. Außerdem handelt ein einzelner oft für eine Partei, von der er anerkanntermaßen das einzige Mitglied ist; beim Poker (aber nicht beim Bridge) erwartet man gewöhnlich, daß der Teilnehmer »für sich selbst spielt«.[1] Die analytischen Unterschiede zwischen Partei und Spieler können hier leicht in den Hintergrund treten, und so wird es im folgenden auch gelegentlich geschehen.

Die spieltheoretische Betrachtungsweise erfordert auf jeden Fall die Unterscheidung zwischen der Person als Partei und als Spieler, ist aber schon weniger klar im Hinblick auf andere ausgeprägte Weisen des Fungierens der Person in der Spielsituation. Sie kann als *Faustpfand* dienen. Das soll heißen, die Verhältnisse können so sein, daß das soziale oder körperliche Wohlergehen einer Person in Gefahr ist, und dieses Wohlergehen kann das Interesse sein, um das es in dem Spiel geht.[2] Nun sollte man nicht übersehen, daß dieses Wohlergehen zwar offenbar ein Attribut der betroffenen Person ist, daß aber auch einem

Freund, einer Familie, ja einem ganzen Stamm daran gelegen sein kann. So verhält es sich, wenn ein Kind als Geisel gegeben oder genommen wird, oder wenn eine Verfolgungsjagd einen Dämpfer erfährt, weil die Eigentümer des Autos gezwungen worden sind, mit den Bewaffneten mitzufahren, die es stehlen.

Eine Person kann auch als *Symbolfigur* fungieren, das heißt als demonstratives Ausdrucksmittel für eine eingenommene Position. In der Frühgeschichte der abendländischen Diplomatie gab es dafür die Bezeichnung »nuncio«, nämlich für jemanden, der seinen Herrn, also seine Partei, in Abwesenheit vertreten, aber nicht in seinem Namen verhandeln konnte. (Demgegenüber konnte ein »procurator« verhandeln, aber nicht zeremoniell vertreten, er war bloßer Spieler.)[3] Das Privatleben liefert auch sein zeremonielles Beispiel: Wenn jemand einer Bekanntschaft seine Aufwartung machen möchte, kann er zwischen verschiedenen zeremoniellen Formen wählen. Er kann ein Telegramm schicken, kann seine Visitenkarte abgeben, kann Blumen schikken oder einen persönlichen Besuch machen. Alle diese Formen können funktional äquivalent sein, jede ist ein gültiges Zeichen der Aufmerksamkeit; im letzten Fall freilich verwendet die Person sich selbst als Symbol in der Zeremonie.

Ich habe mehrere Funktionsweisen der Person in der zu betrachtenden Form der Interaktion erwähnt. Eine weitere ist noch anzuführen, die später für uns von großer Bedeutung sein wird. Offenbar kann ja eine Person als Quelle von Information fungieren, die andere für ihre Einschätzung der Situation verwenden können. So kann man es sich kaum anders vorstellen, als daß eine wichtige Stellenbesetzung mit einem »persönlichen Gespräch« verbunden ist, oder daß ein wichtiges Stelldichein nicht mit einem/einer Unbekannten verabredet wird. Wir können auch davon ausgehen, daß unsere britischen Bundesgenossen ihre Landsleute leichter als Spione auf uns ansetzen können, als es unsere japanischen Freunde können.

Eine Partei kann also eine Person als Spieler, Faustpfand, Symbolfigur und Informanten einsetzen. In jedem dieser Fälle fungiert die Person als eine besondere Art spielrelevanten Gutes. Doch natürlich kann die Person auch als weniger differenziertes und weniger spezielles Gut fungieren: so jemand, der eine vorgeschriebene Hilfsfunktion ohne die Notwendigkeit eines Bewußtseins vom Wert dieser Funktion für die Partei und ohne nennenswertes Mitdenken ausführt. Ein Schütze ist ein, wenn auch sehr kleiner, Teil des Angriffspotentials eines Kommandeurs, aber in demselben Sinne wie das Gewehr, das man ihm in die Hand gibt.

Kann nun die Person auf verschiedene Weise fungieren, so ist zu erwarten, daß sich diese Funktionen häufig überlagern. Jemand, der als Faustpfand fungiert, braucht natürlich nicht noch in irgendeiner anderen Eigenschaft zu fungieren, er ist dann »arglos beteiligt«, wie wir sagen wollen; doch es ist genauso klar, daß er auch der Spieler sein kann, wie wir aus der Geschichte von Judith erfahren.[4] Unser moderner »Botschafter«, um ein anderes Beispiel zu nehmen, vereinigt in sich die Funktionen des »nuncio« und des »procurator«. Und wer gleichzeitig als Faustpfand und als Spieler fungiert, kann außerdem noch als Partei fungieren – diese Komplikation findet sich gewohnheitsmäßig bei sexuellen Verführungen und Duellen. Schließlich wollen wir festhalten, daß nicht nur Menschen, sondern auch andere wertvolle Gegenstände als Faustpfand oder als Symbol fungieren können, und zwar viel häufiger als Menschen. Die Funktion des Spielers dagegen ist weitgehend auf Menschen beschränkt; eine der Ausnahmen ist die Höllenmaschine.

II

Nachdem nun die Elemente definiert sind, können wir uns ihren Interaktionen zuwenden. Dazu empfiehlt sich eine alte Sitte der Spieltheorie, nämlich vereinfachte, sehr weit hergeholte Modellsituationen zu verwenden.

Unser Held, der Förster Heinz, gerät in ein Buschfeuer und bemerkt zu seiner Rechten einen hohen Baum, auf den man vielleicht klettern und so den Flammen entgehen könnte, und zu seiner Linken eine hohe Holzbrücke, die schon zu brennen anfängt.

Heinz ist hier Partei, Spieler und Faustpfand. Als Partei hat er ein Interesse an seinem Leben. Als Spieler beurteilt er die Situation und versucht die besten Chancen auszutüfteln. Als Faustpfand ist er in Lebensgefahr.

Heinzens Situation ist so beschaffen, daß ihm vier wesentliche Handlungsweisen offenzustehen scheinen. Er kann versuchen, die Brücke zu erreichen. Er kann versuchen, den Baum zu erreichen. Er kann um Rettung beten. Er kann zögern, daß heißt, versuchen, ob ihm nicht neue Auswege einfallen, zwischen Brücke und Baum hin und her schwanken oder sich gehenlassen und schreien, toben, ohnmächtig werden.[5]

An diese Situation kann Heinz distanziert und spieltheoretisch herangehen. Er kann alle Möglichkeiten zusammenstellen, jeder eine Erfolgswahrscheinlichkeitsfunktion zuordnen und sein Problem dadurch lösen, daß er das wählt, was ihm die besten Chancen zu bringen scheint. Allein dies kann schon recht schwierig sein. Die Wahrscheinlichkeit, daß die Brücke in Flammen steht, ehe er sie überquert hat, muß im Lichte der Aussichten betrachtet werden, daß er den tiefen Sturz ins Wasser übersteht. Jedenfalls liegt hier etwas vor, was man als ein Spiel gegen die Natur definieren könnte, wobei man freilich das Gefühl haben könnte, daß Heinz, wenn es zu einem vollgültigen Spiel kommen soll, einen Menschen als Gegner haben müsse.[6]

Ein Spiel gegen die Natur ist zwar in der Tat ein etwas rudimentäres Spiel, doch man kann hier bereits einige wichtige Begriffe der Spielanalyse einführen. Einer ist der des *Zuges*. Analytisch gesehen, ist ein Zug weder ein Gedanke noch eine Entscheidung noch ein Ausdruckselement noch sonst irgendein Vorgang im Bewußtsein eines Spielers, sondern eine Handlungsweise mit realen physischen Folgen in der Außenwelt, die zu objektiven und ganz konkreten Veränderungen in Heinzens Lebenssituation führt. (Das wird manchmal verdunkelt, weil man bei der Betrachtung des Spielens leider die Unterhaltungs-Brettspiele in den Vordergrund stellt.) Des weiteren ist ein Zug eine Handlungsweise, die aus einer kleinen Anzahl grundsätzlich verschiedener Möglichkeiten in der Situation ausgewählt worden ist.[7] Und diese Situation ist für Heinz eine äußerst brenzlige mit hochstrukturierten und wohlabgegrenzten Randbedingungen. Unter solch durchsichtigen Verhältnissen wird eine Handlungsweise zu einem Zug. Ja, unter diesen Verhältnissen kann der Verzicht auf jede Handlung bei Heinz ganz ernsthafte, eindeutige Folgen haben und somit »der Wirkung nach« ein Zug sein. Endlich kann man Heinz hier als Spieler auffassen, weil seine Situation so beschaffen ist, daß die entsprechende schematische Analyse wirklichkeitsnah ist.

Bisher war unser Held Heinz wenig in soziale Verhältnisse verstrickt, außer wenn er sich auf Kenntnisse über Brücken und Bäume stützt, die ihm seine Kultur liefert, oder auf seine Schuhe, um schnell und sicher laufen zu können. Doch man kann sich anstelle der unerbittlichen Natur auch leicht mehr von Menschen geschaffene Verhältnisse denken. Setzen wir Heinz eine Schutzbrille auf und ihn in einen

Einsitzer hoch am Himmel. Der Pilot Heinz hat Motorschaden und beginnt Höhe zu verlieren. Er muß mit einem zweifelhaften Fallschirm abspringen, der sich vielleicht nicht öffnet, oder eine Notlandung versuchen, oder zögern. (Hier gehe ich davon aus, daß Heinz kein Gebet bereit hat, obwohl für dieses bessere Empfangsbedingungen herrschen würden.)

Jetzt können wir auf eine Frage der Ziele und Mittel eingehen. Die Wahl zwischen Leben und Tod als Werten scheint so selbstverständlich, daß man den Eindruck haben könnte, die einzige Frage sei die Wahl des besten Mittels. Doch es kommen hier immer auch andere Präferenzen ins Spiel. Würde der Absprung bedeuten, daß ein sehr kostspieliges Versuchsflugzeug mit Sicherheit in einem dichtbesiedelten Gebiet abstürzt, dann muß Heinz als Spieler überlegen, für wen er spielen soll, für sich selbst oder für die Gemeinschaft, und diese Entscheidung ist gar nicht unbedingt selbstverständlich. Hier geht es weniger um den »intersubjektiven Nutzenvergleich«, wie es oft heißt, als einfach darum, daß ein Spieler entscheidet, für welche von zwei Parteien er eigentlich spielt. Man sollte noch sagen, daß man für gewöhnlich Heinzens Interesse an der Rettung seines Lebens nicht für erklärungsbedürftig hält, wohl aber seine Bereitschaft, andere Menschen voranzustellen. Geht man aber ausschließlich von der spieltheoretischen Betrachtungsweise aus, so sind beide Interessen bei einem Spieler in Wirklichkeit gleich schwer erklärbar.[8]

In den bisherigen Modellsituationen stand Heinz einer blinden und grobschlächtigen Natur gegenüber, die vom Menschen in verschiedenem Maße verändert war. Jetzt wollen wir die Gefahr für Heinz in einer Kraft ansiedeln, der er nicht nur *ausgesetzt*, sondern auch *entgegengesetzt* ist, so daß die Verhältnisse stärker einem Spiel entsprechen. Heinz, der Gejagte, hat einen hungrig aussehenden Löwen ausgemacht, dieser aber noch nicht ihn, und der einzige Baum in der Nähe scheint hoch genug, um gewissen Schutz zu versprechen. Heinz kann auf ihn losrennen, womit er sich zu erkennen gibt, und versuchen, ihn zu erreichen und hinaufzukommen, ehe er abgeschnitten wird; oder er kann sich still verhalten und hoffen, nicht bemerkt zu werden oder uninteressant zu sein. (Ich gehe davon aus, daß Heinz inzwischen so viel weiß, daß er weder zögert noch betet.)

Jetzt ist festzustellen, daß Heinz, wenn er sich die Vorteile des Losrennens überlegt, die Tatsache abwägen muß, daß er sich damit jedenfalls dem Löwen als bewegliches eßbares Objekt zu erkennen gibt und womöglich sogar sein Ziel verrät, je nach der Intelligenz seines königlichen Gegenspielers. Daß ihn der Löwe sehen kann, ist ein wichtiger Bestandteil von Heinzens Situation. Die Sichtbarkeit ist kein zufälliger Bestandteil des auf den Baum gerichteten Zuges, der ihm sozusagen aufgestülpt wäre, sondern eine Grundeigenschaft des Zuges selbst. Könnte Heinz einen versteckten Weg zu dem Baum finden, so wäre das ein ganz anderer Zug. Entsprechend ist das Sich-still-Verhalten als Zug untrennbar damit verbunden, daß Heinz dann eine Chance hat, vom Löwen nicht beachtet zu werden.

Es ist festzustellen, daß der Löwe, wenn man ihn vollgültig berücksichtigen will, als Partei mit einem angestrebten Interesse bestimmt werden kann, nämlich Heinz zu fressen, das natürlich dem Interesse Heinzens, nämlich nicht gefressen zu werden, geradewegs entgegengesetzt ist. Des weiteren kann man von dem Löwen erwarten, daß er Heinz nachspürt, ihm nachsetzt, was ein Waldbrand nicht tut (aber natürlich ein zielgelenkter Flugkörper). Schließlich ist die Möglichkeit nicht ganz von der Hand zu weisen, daß der Löwe, mindestens »der Wirkung nach«, nicht nur Heinzens Gegenwart, sondern auch seine Absichten erkennt und, falls Heinz auf den Baum losrennen sollte, ihm den Weg abzuschneiden versucht, indem er auf den Baum und nicht auf Heinz losrennt. Kurz, Heinz hat nicht bloß eine feindliche Kraft vor sich, sondern einen Gegner.

Das alles erkennt man deutlicher, wenn wir vollends zu einer Spielsituation übergehen.

Heinz, ein Eingeborener mit Speer, hat sich aus seinem Stammesgebiet entfernt und kommt auf eine kleine Lichtung, wo er feststellen muß, daß ihn ein Angehöriger eines feindlichen Stammes, auch mit Speer, von *der* Seite her anblickt, die sonst die sichere wäre. Da jeder das fremde Gebiet hinter sich hat, ist ihm der Rückzug abgeschnitten. Nur wenn er den anderen außer Gefecht setzt, kann er sicher über die Lichtung kommen und in den eigenen Teil des Waldes entweichen.

Nun zum Spiel. Würde jeder Speerwurf treffen, so würde der gewinnen, der als erster wirft. Doch selbst ein unbewegliches Ziel verfehlt man umso leichter, je weiter es weg ist. Und der Zug des Werfens hat ja auch noch dies an sich, daß der andere den auf ihn zufliegenden Speer leicht erkennen kann. Und er ist gar kein völlig unbewegliches Ziel und wird auf jeden Fall versuchen, auszuweichen. Je größer die Entfernung, desto mehr Zeit hat er dazu, und desto größer die Erfolgsaussicht. (Auch ein Giftpfeil, der stillschweigend aus einer Buschdeckung heraus abgeschossen wird, ist ein Zug, aber er verrät nicht vorher seinen Zielpunkt und führt somit zu einem völlig anderen Spiel.) Und wenn man danebenwirft, während der andere seinen Speer noch in der Hand hat, dann kann er so nahe kommen, wie er will, und leicht gewinnen. Jeder der beiden Spieler fängt also an einem Punkt an, wo es sich nicht lohnt, einen Wurf zu wagen, und wahrscheinlich liegt ein Punkt vor ihm, an dem es sich nicht mehr lohnen wird, auf einen Wurf zu verzichten. Und jeder muß seine Entscheidung in dem Wissen treffen, daß der andere vor genau der gleichen Entscheidung steht und dies vom anderen weiß.

Kehren wir nun einen Augenblick zu Heinz dem Förster, Piloten und Gejagten zurück. Er untersucht mögliche Handlungsweisen, indem er sie im Geiste durchprobiert. Dazu muß er sich in ein Feuer, ein Flugzeug oder einen Löwen hineinversetzen, so gut er es mit seinen Kenntnissen und menschlichen Fähigkeiten kann. Ist aber sein Gegner nichts Animalisches oder Mineralisches, sondern selbst ein intelligenter Spieler – dann ändert das »Austüfteln« seinen Charakter ganz erheblich. Heinz findet für sein Einfühlungsvermögen ein viel weiteres Betätigungsfeld, weil jetzt der andere ein Wesen wie er selbst ist. (Und dabei haben wir noch gar nicht die sprachliche Kommunikation bedacht, ja noch nicht einmal fest eingeführte, von beiden erkennbare Signale; wir haben nur mit etwas noch Elementarerem zu tun gehabt – der Einschätzung der Situation.)

Heinz wird sich also bemühen (und auch imstande sein), die Situation seines Gegners einzuschätzen. Die spieltheoretische Betrachtungsweise führt zu einer Beschreibung der Situation des anderen auf eine wohlstrukturierte Art, hier in Form der Eigenschaften der Situation des anderen, über die Heinz wahrscheinlich etwas wissen möchte.

Als erstes dürfte Heinz auf jeden Fall die Züge des anderen betrachten. Es gibt eine ganze Stufenleiter von Möglichkeiten. Am unwichtigsten sind vielleicht »Entscheidungen«, nämlich Züge, für die sich der Gegner entschieden hat, die er aber bisher noch in keiner Weise ins Werk gesetzt hat. (Hier muß Heinz offenbar viele Faktoren abwägen: die logische Unmöglichkeit, jemals mit Sicherheit die Absichten einer Partei zu kennen; die Frage, wie der Gegner bisher seine Absichten in die Tat umgesetzt hat; wie wahrscheinlich es ist, daß er weiß, daß seine Absichten bekannt sind, und daher zu dem Schluß kommt, er müsse seine Pläne ändern; usw.) Wichtiger sind fertig vorbereitete und eingeleitete Züge – für die der Gegner seine Hilfsmittel aufgeboten und einzusetzen begonnen hat, so daß es für ihn einen spielrelevanten Grund gibt, sie auch zu Ende zu führen. Es ist ganz entscheidend, diese Züge auszumachen, ehe das Spiel endgültig gespielt wird. Klassische Beispiele finden sich im Militärwesen: Etwa wenn entdeckt wird, daß der Gegner Gasgranaten samt Einsatzplänen hat, und wenn die Art des Gases ermittelt wird – und das alles früh genug, um ein Gegenmittel fix und fertig zu machen und die eigenen Leute mit Gasmasken auszurüsten. Schließlich gibt es Züge, die der Gegner schon vollständig ausgeführt, Heinz aber noch nicht entdeckt hat.[9] Die russischen Raketen auf Kuba wären fast ein Beispiel gewesen.

Als zweites möchte Heinz etwas über die sogenannten *Operationsgrundsätze* [10] seines Gegners wissen, nämlich die Einstellung zum Spiel, die ihn mehr oder weniger deutlich leitet. Hier sind mehrere Faktoren zu berücksichtigen. Da ist sein Präferenzsystem oder seine Nutzenfunktion, das heißt, seine – starke oder schwache – Ordnung der Ziele. Dann gibt es seine normativen Einschränkungen, die selbstauferlegten Bedingungen für die Verfolgung seiner Ziele, die er aus moralischen oder Gewissensgründen beachten dürfte.[11] Und dann eine Restkategorie: den *Spielstil*.[12]

Als nächstes ist die *Entschlossenheit* des Gegners zu betrachten, das Spiel um jeden Preis fortzusetzen. Sie bezieht sich natürlich nur auf ein bestimmtes Spiel und hängt nicht nur von seiner allgemeinen Entschlossenheit ab, von seiner stärker oder schwächer ausgeprägten Neigung, bei irgendeinem von ihm gespielten Spiel zu bleiben.

Nützlich für Heinz ist es auch, etwas über den *Informationsstand* des anderen zu wissen. Damit meine ich dessen Kenntnisse über wichtige Eigenschaften seiner wie auch Heinzens Situation. Möchte etwa Heinz den anderen täuschen, so ist es für ihn wichtig, zu wissen, was dieser argwöhnt oder erwartet, denn das ist maßgebend dafür, wie man ihn irreführen kann.[13]

Ferner muß Heinz die *Hilfsmittel* oder Möglichkeiten des Gegners in Betracht ziehen – die Dinge, mit denen der andere *als Partei* bei seiner Anpassung an die Situation arbeiten kann. (Heinzens eigene Hilfsmittel sind natürlich auch für ihn von Bedeutung.)

Ein ganz wichtiges Hilfsmittel des anderen als Partei ist nun, daß er jemanden für sich spielen lassen kann. In unserem Falle ist es der Gegner selbst, und für Heinz ist es wichtig, etwas über die Eigenschaften dieses Spielers zu wissen. (Bekommt etwa ein Psychiater in einer Klinik einen neuen Patienten, so ist es für ihn nützlich, dessen Krankengeschichte vorher zu lesen; auch für Diplomaten, die freundlich oder feindlich miteinander verhandeln, ist es nützlich, Dossiers zu kennen – außer wenn wahrscheinlich *jeder* die Dossiers der anderen kennt.)[14]

Die wichtigste Eigenschaft der Spieler ist wohl ihre *Spielerkompetenz*. Darunter verstehe ich: ihre geistige Neigung, alle möglichen Handlungsweisen und ihre Folgen zu überdenken, und zwar aus dem Blickwinkel aller beteiligten Parteien; die Gewohnheit, alle persönlichen Gefühle und alle Impulsivität bei der Analyse der Situation und der Durchführung eines Handlungsplans beiseitezusetzen; die Fähigkeit, unter Druck zu denken und zu handeln, ohne nervös zu werden oder sich etwas anmerken zu lassen; die Fähigkeit, auf momentane Demonstrationen von Scharfsinn und Charakter zugunsten langfristiger Interessen zu verzichten [15]; und natürlich die Fähigkeit und Bereitschaft, in jeder Hinsicht zu täuschen, auch bezüglich der eigenen Fähigkeiten als Spieler. Kein Wunder, daß die Literatur über die Diplomatie diese Spielerqualitäten in den Vordergrund stellt, denn Diplomaten haben ja nicht selten Parteien von großer Wichtigkeit in Situationen zu vertreten, in denen kleine Interaktionsvorteile große Wirkungen haben können:

> »Es sind einige weitere Qualifikationen nötig, wenn es um die praktische Seite der Sache geht; in einer freien Stunde solltest du dich vielleicht einmal mit ihnen beschäftigen. Zum Beispiel absolute Selbstbeherrschung, man darf sich unter gar keinen Umständen von Gefühlen hinreißen lassen; Geduld angesichts frivoler, unverschämter oder unvernünftiger Ansinnen; aber genug Geschick, sie abzulehnen, ohne zu verletzen; oder man geht so auf sie ein, daß man feurige Kohlen auf des anderen Haupt sammelt; man muß so geschickt sein, die Wahrheit zu verbergen, ohne zu lügen; so scharfsinnig, daß man in der Miene anderer Menschen lesen kann; und so ausgeglichen, daß die anderen das bei einem selbst nicht können – scheinbare Offenheit, aber in Wirklichkeit Reserve. Das ist das ABC des Politikers; die Welt sei deine Grammatik.«[16]

Eine weitere wichtige Eigenschaft von Spielern ist ihre *Integrität*, ihre Tendenz, einer Partei treu zu bleiben, wenn sie sich einmal für sie zu spielen entschlossen haben, und nicht im Interesse einer anderen Partei tätig zu werden, insbesondere nicht im eigenen. Hier geht es um das Problem des »Interessenkonflikts« mit seinen normativen Einschränkungen, die sich aber nicht auf interagierende Parteien beziehen, sondern auf Zwischenparteiliches. (Um Koalitionsbildung im eigentlichen Sinne geht es hier nicht; nicht darum, daß zwei Parteien unvorhergesehenermaßen eine Zeitlang zusammengehen, sondern daß ein Spieler in eine unlautere Beziehung zu seiner ursprünglichen Partei tritt.)[17] Das diplomatische Korps liefert viele Beispiele, so etwa die Verwendung des Diplomatengepäcks zum Schmuggeln von Drogen für verbotene Zwecke, oder von Schwarzmarktgütern.[18] Weniger ausgeprägte Beispiele kommen aus dem Geschäftsleben; umstritten ist das Recht eines leitenden Angestellten, persönliche Anteile aufgrund frühzeitiger Kenntnisse über die Aussichten der Firma zu kaufen oder zu verkaufen.[19] Ist die Analyse genau genug, so kann allerdings die Frage der Integrität und Loyalität gelegentlich recht unklar werden, wie Sir Harold Nicolson meint:

> »Der Berufsdiplomat steht unter mehreren verschiedenen und manchmal gegensätzlichen Loyalitätspflichten: gegenüber seinem Souverän, seiner Regierung, seinem Minister und Ministerium; gegenüber seinen Mitarbeitern; gegenüber dem diplomatischen Korps an seiner Wirkungsstätte; [im Falle Sir Harolds] gegenüber der dortigen britischen Kolonie und ihren wirtschaftlichen Interessen; und in anderer Form gegenüber der Regierung, bei der er akkreditiert ist, und dem Minister, mit dem er verhandelt.«[20]

Schließlich ist zu betonen, daß eine Person, bei der die Frage der Integrität gar nicht aufkommen kann, auch nicht eigentlich als Spieler fungieren kann, wenn auch als wichtiger Teil der bloßen gewissermaßen sächlichen Hilfsmittel einer Partei. Zum Beispiel scheinen die Alliierten bei den Vorbereitungen zur Invasion in Frankreich zwei Agenten eingesetzt zu haben, die Bodenproben an vielen Punkten der französischen Küste entnahmen, auch an den fünf Stränden, an denen die Landung stattfinden sollte. Jedesmal waren die Leute einem ganz beträchtlichen Risiko ausgesetzt, das man aber um der Verschleierung willen eingehen wollte, die sich aus der weiten Streuung der Entnahmen ergab. Außerdem ging man davon aus, daß die Leute, wenn sie gefaßt und verhört werden sollten, gar nicht imstande sein würden, die Landungsorte preiszugeben, da sie die Wahrheit nicht einmal vermuten konnten.[21] Hätten die Männer ihr Leben nur an den zur Landung vorgesehenen Stränden riskiert, so wären sie Spieler im Invasionsspiel gewesen; so aber waren sie nur Hilfsmittel.

Das also sind die spielrelevanten Bestandteile der Situation des Gegners. Doch natürlich hat die spieltheoretische Betrachtungsweise noch mehr über die Einschätzung zu sagen, die Heinz von seinem Gegner vornimmt. Es wird ausdrücklich berücksichtigt, daß die Einschätzung des Gegners von seiner eigenen Situation ein wichtiger Bestandteil seiner Situation ist, und daß menschliche Einschätzungen genau das sind, was Heinz vollständig zu durchschauen und zu berücksichtigen versuchen kann. Das führt zu dem berühmten Rekursionsproblem. Heinz muß sich mit dieser Tatsache auseinandersetzen: die Einschätzung, die er zu durchschauen sucht, nämlich die, zu der der andere wahrscheinlich kommt, enthält auch die Tatsache, daß Heinz sie zu durchschauen versuchen wird. Der Gegner, den Heinz auszutricksen versuchen muß, versucht also selbst, wie beide wissen, Heinz auszutricksen. (Damit wir unseren Löwen nicht überschätzen, sei festgestellt, daß er zwar, der Wirkung nach, geringfügige Hinweise dazu benutzen kann, Heinzens beabsichtigten Zug zu kontern, doch er kann wohl kaum so neurotisch sein, sich mit den Auswirkungen von Heinzens Überlegung zu befassen, daß der Lauf zum Baum vom Löwen gekontert werden dürfte.) Dieses gegenseitige Wissen ist eine besondere Art der Einschätzung, der springende Punkt beim Spielen, doch es ist eine Einschätzung, keine Kommunikation; freilich könnte man von Kommunikation der Wirkung nach sprechen, oder von »stillschweigender Kommunikation«, wie Schelling bei seiner glänzenden Analyse der »Koordinationsspiele«.[22]

Hat Heinz einmal erkannt, daß er die Situationswahrnehmung seines Gegners einschätzen muß, so bietet ihm die Spieltheorie eine systematische Möglichkeit dazu. Er soll die wesentlich verschiedenen Handlungsweisen alle aufzählen, die seinem Gegner als Antwort auf jeden seiner eigenen möglichen Züge zur Verfügung stehen, und in diesem Lichte seine eigene beste Handlungsweise bestimmen. Des weiteren könnte es Heinz günstig finden, eine Strategie auszuarbeiten, das heißt, ein System verschiedener Handlungsweisen, deren jede im voraus einer möglichen Entscheidung des Gegners zugeordnet ist, so daß Heinz, wie immer sein Gegner handelt, automatisch einen durchdachten Zug in der Hand hat, mit dem er sofort antworten kann. Gegen den Löwen könnte er folgende Spielweise festlegen: Solange ihn der Löwe anscheinend nicht sieht, sich still verhalten; sobald ihn der Löwe auszumachen scheint, auf den Baum zulaufen. Bedingte Entscheidungen können den Zeitablauf in das Spiel hineinbringen, indem der eine Spieler zu warten hat, bis der andere zieht – in der Literatur spricht man von einem »ausgedehnten« statt »normierten« Spiel.

Als *Position* bezeichne ich den Ort, den Heinz in seinem Spiel gegen den anderen erreicht hat. Sie entsteht durch die früheren Möglichkeiten, die sich Heinz zunutze gemacht oder nicht gemacht hat, und besteht aus dem System der möglichen Züge (mit ihren Erfolgswahrscheinlichkeiten), die ihm jetzt zur Verfügung stehen.

In einem ausgedehnten Spiel kann man die nacheinander erfolgenden Züge (und die dadurch entstehenden Positionen) auf verschiedene Weise kennzeichnen; eine wichtige Möglichkeit ist die Unterscheidung zwischen *nichtletalen* und *letalen* Zügen, wobei es darum geht, ob ein bestimmter Zug, falls er sich als nicht erfolgreich erweist, dem Spieler, wieviel er auch dabei verlieren mag, überhaupt noch die Möglichkeit läßt, mit dem Spiel fortzufahren oder nicht.[23] Entsprechend kann man von nichtletalen und letalen Positionen sprechen.

Nun können wir an die definierenden Bedingungen für die *strategische Interaktion* herangehen.[24] Mehrere Parteien müssen sich in einer wohlstrukturierten Situation gegenseitiger Einwirkungsmöglichkeit befinden, in der jede Partei einen Zug machen muß und jeder mögliche Zug einschneidende Folgen für jede der Parteien hat. In dieser Situation muß jeder Spieler seine Entscheidung von dem Wissen beeinflussen lassen, daß die anderen Spieler wahrscheinlich versuchen, seine Entscheidung im voraus auszuknobeln, wobei sie sogar davon ausgehen können, daß er dies für wahrscheinlich hält. Handlungen oder Züge geschehen dann im Lichte der eigenen Gedanken über die fremden Gedanken über einen selbst. Ein Schlagabtausch auf der Grundlage dieser Orientierung gegenüber sich selbst und den anderen kann als strategische Interaktion bezeichnet werden. Ein Teil davon besteht in konkreten Handlungen, ausgeführt in der wirklichen Welt, die die Parteien einschränkt; der andere, der keine wesentlichere Beziehung zur Kommunikation hat als der erste, besteht in einer besonderen Art von Entscheidung, bei der man sich unmittelbar auf die anderen Parteien hin orientiert und ihre Situation so bewertet, wie sie sie sehen dürften, wozu auch ihre Bewertung der Situation des Betreffenden gehört. Die besonderen Möglichkeiten, die sich aus dieser gegenseitig eingeschätzten gegenseitigen Einschätzung ergeben, die ja das Schicksal der Parteien bestimmen, liefern den Grund und die Grundlage für die besondere Betrachtungsweise im Sinne der strategischen Interaktion.

Hat man einmal die Situation des Spielers im Hinblick auf die gegenseitige Einschätzung als das Entscheidende erkannt, so bemerkt man auch, daß es Spiele geben kann, wo es keinen Interessengegensatz gibt. Es gibt ja Situationen, in denen es zwei Parteien in ihrem individuellen Interesse liegend finden, ihre Handlungsweisen aufeinander abzustimmen, wobei sie wissen, daß es Einschränkungen dafür gibt, was jeder Spieler weiß und über die Pläne des anderen in Erfahrung bringen kann. Heinz und der andere brauchen keine Gegner zu sein; sie können Komplizen sein. Daher trifft es nicht genau oder ist sogar falsch, Heinzens Mitspieler als »Gegner« zu bezeichnen. Immerhin sind aber im Normalfall Heinz und der andere in einen Konflikt verstrickt, derart, daß jedem Gewinn des einen ein ebensogroßer Verlust des anderen entspricht – das sogenannte Nullsummenspiel. Und hier haben die Hauptgedanken der Spieltheorie ihren Platz: der des Sattelpunkts als »Lösung« des Spiels; der der »gemischten Strategie«, die für jedes Zweipersonen-Nullsummenspiel eine Lösung ermöglicht; der der Koalition und der der Dominanz zur Behandlung von Spielen mit mehr als zwei Parteien und mehr als zwei Wahlmöglichkeiten.

III

Die spielhaften Situationen, die wir bisher betrachtet haben, sind fugendicht und rein. Hat man die Natur, die eigenen Interessen und den intelligenten Gegner eingeführt, so ist nichts weiteres nötig; es ergibt sich die strategische Interaktion. Und manche Entwicklungen in der Spieltheorie erfordern auch nicht mehr als diese Minimalannahmen, nämlich wenn eine empfehlenswerte Strategie für Heinz gegenüber Gegnern gefunden werden soll, die ebenso intelligent und amoralisch wie er selbst sind.

Eine dieser Entwicklungen in der Analyse der reinen Spiele ist für uns hier von Bedeutung. Sie hat zu tun mit der Rolle der Einschätzbarkeit, insbesondere im Zusammenhang mit der Kommunikation. Es geht hier um die sogenannte »Glaubwürdigkeit«.

Oben sagte ich, dem Spieler, Heinz, gehe es um die Einschätzung seiner Situation, und wenn ein anderer Spieler zu dieser Situation gehört, so achtet man auf ihn bei der Einschätzung. Und dieser kann nun auf zweierlei Weise zu der Einschätzung beitragen. Einmal kann er *Ausdruckselemente von sich geben,* aus denen Heinz etwas darüber entnehmen kann, was vor sich geht, und einigermaßen voraussagen kann, was geschehen wird. (In dieser Beziehung leistet der Gegner wohl nicht mehr als niedere Tiere oder selbst unbelebte Gegenstände, die alle als Informationsquelle fungieren können.) Zweitens kann der Gegner *Mitteilungen senden,* das heißt sprachliche Aussagen (oder einen Ersatz dafür). Diese kann (und soll) Heinz empfangen, und er soll daraus Information gewinnen. Besondere Aufmerksamkeit verdient das Senden von Mitteilungen bei der Analyse der strategischen Interaktion, denn zu vielen Spielen gehört auch diese Tätigkeit.

Bestimmte Mitteilungen des Gegners an Heinz können von entscheidender Bedeutung für sämtliche etwaigen Spielaspekte der Situation der beiden sein. Heinzens Gegner kann eine *unbedingte Ankündigung* seiner Absicht machen, eine bestimmte Handlungsweise einzuschlagen, nämlich unabhängig davon, was Heinz tue. Noch wichtiger wäre eine *bedingte Ankündigung*, nämlich daß er die und die Handlung ausführen werde, wenn Heinz eine bestimmte andere ausführt (oder nicht ausführt). Hier gibt es zwei Grundmöglichkeiten. Einmal das *Versprechen*, wo das bedingt angekündigte Ergebnis für Heinz vermutlich erwünscht ist, und die *Drohung*, wo es ihm vermutlich unerwünscht ist.[25]

Alle Ankündigungen sind richtig oder unrichtig, das heißt sie stimmen mit den Tatsachen überein oder nicht. Und sie werden von ihrem Urheber geglaubt oder nicht geglaubt. Auch besteht bei ihnen die Frage der Entschlossenheit: Hat ihr Urheber die temperamentsmäßige Neigung, alles zu unternehmen, um seine Absicht auszuführen? Und schließlich gibt es die Frage der Fähigkeit: Hat der Akteur, hohe Entschlossenheit vorausgesetzt, die Mittel zur Verfügung, um seinen Plan auszuführen?

Anhand dieser unabhängigen Faktoren, die für die Bedeutung von Ankündigungen eine Rolle spielen, beginnt man wohl einige der Verwirrungen zu erkennen, die einem Begriff wie dem der »Glaubwürdigkeit« anhaften können. Wird Heinz eine Ankündigung gemacht, so kann er sich fragen, ob sie richtig ist, vom Urheber selbst geglaubt wird, ob Entschlossenheit dahintersteht und ob die Mittel zu ihrer Durchführung vorhanden sind, oder er kann – und das ist das Wahrscheinlichste – nach einer unanalysierten Kombination dieser Faktoren fragen. Glaubwürdigkeit ist nicht zu verwechseln mit der spezielleren Vertrauenswürdigkeit, nämlich der Angebrachtheit von Vertrauen, und dieses ist definiert als das Sichverlassen Heinzens in Form seiner eigenen Handlungen auf die Ankündigungen des anderen, ausgehend von der Einschätzung seines »moralischen Charakters«.[26]

Die Bereitschaft des einzelnen, den unbedingten oder bedingten Ankündigungen eines anderen zu glauben, ist unbedingt nötig zur Aufrechterhaltung kooperativer sozialer Tätigkeit und damit ein zentraler und ständiger Zug des sozialen Lebens. Doch das erklärt noch nicht, warum (und bei welchen Gelegenheiten) die Menschen sich derart aufeinander verlassen.

Schon die Frage, ob die Ankündigung von ihrem Urheber selbst geglaubt wird (was ja eine Komponente der Glaubwürdigkeit ist), führt zu wichtigen Problemen. Gewiß ist es der Natur der Sache nach immer physisch möglich, Worte zu verwenden, ohne sie selbst zu glauben. Und es gibt immer Situationen, in denen es im Interesse des anderen liegt, Heinz zu belügen. Wäre es angesichts dieser Tatsachen des Lebens nicht das Klügste, wenn Heinz beim anderen immer eine Täuschungsabsicht argwöhnen würde, und wenn dieser immer damit rechnen würde, daß er beargwöhnt wird, ob es nun stimmt oder nicht? Das Spiel der Eingeborenen mit dem Speer ist ein Beispiel: Heinzens Gegner, falls er seine Sprache beherrscht, könnte zu ihm sagen: »Heinz, leg deinen Speer weg, wir wollen über eine Möglichkeit sprechen, aus der Klemme, in der wir sitzen, herauszukommen, denn auf jeden Fall ist die Chance jedes von uns beiden, den anderen zu erwischen, nicht die Kosten wert, wenn ihm das mißlingt.« Aber wie in aller Welt kann Heinz wissen, ob nicht, sobald er seinen Speer hingelegt hat, der andere den seinen auf ihn schleudert? Warum sollte Heinz mündliche Versprechen annehmen, und warum sollte der, der welche macht, sich dadurch gebunden fühlen?

Eine gemeinsame Sprache könnte also eine notwendige Bedingung für glaubwürdige Kommunikation sein, doch eine hinreichende ist sie sicher nicht. Nach Schelling muß man eine ganz grundlegende Frage stellen: Wie kommt es dazu, und warum sollte es überhaupt dazu kommen, daß Worten irgendein Gewicht beigelegt wird? Wodurch werden Ankündigungen glaubhaft? Wiederholen wir es: Da es oft den Interessen des anderen dient, wenn er Drohungen und Versprechungen macht, erscheint die Annahme als vernünftig, daß es auch häufig seinen Interessen dient, wenn er falsche oder leere Drohungen oder Versprechungen macht, solche also, an die er selbst nicht glaubt. Doch es ist auch vernünftig, anzunehmen, daß Heinz sich klarmacht, daß es im Interesse des anderen liegt, zu bluffen, und daß es sich daher empfiehlt, seinen Aussagen zu mißtrauen und sie nicht so zu nehmen, wie sie dastehen. Der andere wiederum macht sich klar, daß seine Ankündigungen von Heinz klugerweise so gesehen werden, und das bringt ihn in eine grundsätzliche Zwickmühle: ob er nun selbst seine Ankündigung glaubt oder nicht, wie kann er Heinz dazu bringen, daß er sie glaubt?

Kurz, da man mit Worten lügen kann, mit welchem Grund kann ihnen ein Spieler, der etwas auf sich hält, jemals trauen?

Für unser weiteres Vorgehen empfiehlt es sich, die Verhältnisse um Heinz etwas komplizierter zu machen. Bis jetzt war Heinz der einzige, der eine Einschätzung traf und sich letzten Endes ein Urteil über des anderen Ausdrucks- und Mitteilungsverhalten bildete. Doch wenn Heinz mit dem anderen zu tun hat, gibt er selbst natürlich auch Ausdruckselemente und Mitteilungen von sich. Und genau wie diese Information für den anderen höchst wichtig ist, so auch, wegen der Verschränkung der Situationen beider, für ihren Urheber Heinz. Wie sich Heinz also über die Glaubwürdigkeit der Ankündigungen des anderen Gedanken macht, so auch über die seiner eigenen. Für analytische Zwecke wird nun Heinz mit dem anderen vertauschbar. Heinz ist jetzt nicht mehr bloß jemand, der eine Einschätzung trifft, sondern auch jemand, der Gegenstand einer Einschätzung ist.

Es könnte scheinen, als ließe sich leicht eine Modellsituation konstruieren, in der zwei Parteien zu der Einsicht kommen, daß ihr Gewinn jeweils aus gleichen Anteilen an allem bestehen sollte, was sie einzeln oder gemeinsam erwerben können.[27] Unter diesen Umständen hätte jeder Spieler einen dauernden Grund, den Mitteilungen des anderen Gewicht beizulegen, denn nur so kommt es zur größtmöglichen Abstimmung der Tätigkeit und damit zu größtmöglicher Wirksamkeit. Bei dieser Interessenkonstellation wäre gegenseitiges Vertrauen während der Interaktion durch die Situation begünstigt, unabhängig von der Meinung, die die Parteien vielleicht von der Vertrauenswürdigkeit der anderen Seite haben. Die beiden Parteien würden dann wohl als Spieler in ein und derselben Gruppe handeln. Worte würden so genommen, wie sie dastehen, auch ohne irgendeinen normativen Grund dafür. Es können wohl Zweifel an der Richtigkeit von Aussagen aufkommen, aber nicht an ihrer Aufrichtigkeit.

Doch die Verhältnisse, unter denen ein wechselseitiges Kommunikationsvertrauen auf diese nichtnormative Art zustande kommen kann, dürften recht beschränkt sein. Oft wird die Zusammenarbeit zu gegenseitigem Vertrauen führen, doch wenn das Spiel beendet ist, oder sogar schon, wenn es sich seinem Ende nähert, kann sich für einen Spieler der Versuch auszahlen, den anderen um seinen Anteil zu bringen, oder sich Sorgen zu machen, daß es ihm selbst so geschehen könnte und entsprechende Vorkehrungen zu treffen – Beispiele sind Geschichten wie »Der Schatz der Sierra Madre«. Des weiteren kann es für zwei

Spieler, die ihre Interessen als gemeinsam erkannt haben, unmöglich sein, es jeweils dem anderen mitzuteilen, und auch wenn es möglich ist, können sie vielleicht nicht klarmachen, daß sie an diese ihre Aussage selbst glauben; denn genau das würde auch jemand äußern, der den anderen einseifen möchte.

Man muß also auf Verhältnisse zurückgehen, in denen keiner der beiden Spieler von vornherein annehmen möchte, es sei für ihn das beste, vertrauensvoll mit dem anderen zusammenzuarbeiten, und man muß fragen, welche vernünftigen Gründe er unter diesen Verhältnissen dafür finden kann, sich auf die Worte des anderen zu verlassen.

Zunächst einmal sollte man, um von Anfang an klare Verhältnisse zu schaffen, sich damit beschäftigen, welches Gewicht einem Etwas beigelegt werden kann, das wie Worte aussieht, aber in Wirklichkeit anders fungiert. Zwar ist der Prototyp des strategischen Handelns eine grobe Veränderung der materiellen Verhältnisse einer Partei, doch unter bestimmten Bedingungen kann die Übermittlung eines programmierten Signals genügen. Kommen wir auf Heinz als Piloten zurück. Sein Fallschirm kann durch einen Hebel am Führerplatz in Tätigkeit gesetzt werden, ebenso aber auch durch einen programmierten Sprechlaut. Unser Pilot könnte also diesen Zug ausführen und damit einen Handlungsablauf mit Hilfe von etwas in Gang setzen, was wie eine sprachliche Aussage aussieht. Doch natürlich hat man es hier mit Verhältnissen zu tun, die mit raffinierter Voraussicht so eingerichtet worden sind, daß scheinbare Aussagen eine objektive Wirkung haben, und wenn Heinz ein sprachliches Signal gibt, so tut er nicht mehr und nicht weniger, als wenn er so abspringen würde, daß er aus dem Flugzeug krabbelt und eine Reißleine zieht. Die Fabel von Ali Baba und den vierzig Räubern treibt dieses Arrangement noch eine Stufe weiter: das mündliche Signal »Sesam, öffne dich« öffnet eine Tür im Berg vermittels einer verborgenen Arbeitskraft, die an eine Winde gekettet ist und eingebleut bekommen hat, auf den Spruch entsprechend zu reagieren. Doch auch hier haben wir es nur mit einer Nachahmung von Kommunikation zu tun, weil die Worte auf starrem, unpersönlichem Wege mit einem bestimmten Ergebnis verknüpft sind, statt daß ihre Bedeutung aufgrund der allgemeinen Regeln der Sprache, wie sie in einer Sprachgemeinschaft gelten, ermittelt würde.

Es gibt noch eine zweite seltene Möglichkeit, die auf jeden Fall eine Kommunikation zu enthalten scheint, aber es in einem ganz bestimmten Sinne nicht tut. Heinz und sein Gegner können bei einem sozialen

Anlaß persönlich zusammenkommen und gewissermaßen ein neckisches sprachliches Hickhack miteinander treiben. Die Hilfsmittel dazu sind die witzelnden Beleidigungen, die man über den anderen äußern kann, wobei man gleichzeitig dem anderen eine Eröffnung des Spiels verbaut, mit der er sich diesen Anschlägen entziehen oder sie mit Gleichmut ertragen könnte. Die beiden stehen vor einem Dilemma, also einem Spiel: nichts gewagt, nichts gewonnen; aber je mehr man wagt, desto mehr ist verloren, falls die Sticheleien doch nicht so passend und elegant sind oder mit gleicher Münze zurückgezahlt werden, statt den anderen durcheinander zu bringen. Das Interessante an solchen Sticheleien ist nun, daß die Aussagen weder richtig noch aufrichtig und auch nicht bindend zu sein brauchen, sondern nur einfallsreich und treffend, vorausgesetzt natürlich (und hier kommen bereits Normen ins Spiel), sie halten sich an die einschlägigen Gepflogenheiten. Anders als die meisten Aussagen sonst, sind diese selbst das Wesentliche und kündigen nicht etwas an; sie sind Züge nach der Art eines Kinnhakens.

Eine ähnliche Möglichkeit findet sich bei Spielen, in denen Aussagen, an die man selbst nicht glaubt, erlaubt sind und zum Spiel gehören. So darf man beim Poker nicht nur in der Form bluffen, daß man irreführende Gebote macht oder mit seinen Gesten täuscht, sondern auch mit Worten. Der Preis, den man dafür zahlt, ist die Gefahr, daß die anderen daraus mehr über das wirkliche Blatt entnehmen können als bei pedantisch korrektem Spiel. Wenn Heinzens Gegner absichtlich durch Anzeichen ausdrückt und mitteilt, was er von seinem Blatt hält, fordert er faktisch Heinz zu einem Duell auf, denn er sagt ja indirekt, er könne besser verbergen als Heinz erraten. Beim nächsten Austeilen kann Heinz den Spieß herumdrehen und sein Glück beim Bluffen des Gegners versuchen. Einundzwanzig im Kasino ist ein weniger entwickeltes Beispiel für dieselbe Möglichkeit. Hat der Geber eine Zehnerkarte »oben«, so muß er sein ganzes Blatt auf die Möglichkeit eines »blackjack« überprüfen. Erfahrene Spieler versuchen an diesem Punkt manchmal, seinen Ausdruck zu »lesen«, um zu erfahren, ob er »fündig« geworden ist. Die Geber haben Angst, sich durch ihren Ausdruck irgendwie zu verraten, und versuchen deshalb manchmal, falsche Hinweise zu liefern. Es kommt zu einem stummen Kampfspiel um den Ausdruck.

Die drei erwähnten Fälle – technische Verarbeitung mündlicher Signale, sprachliche Sticheleien und Bluffspiele – haben etwas Entscheidendes gemeinsam: Es werden Worte mit bestimmter Wirkung verwendet, ohne daß die Frage entsteht, warum die Parteien ihnen trauen sollten. Diese Frage ist einfach nicht sinnvoll. Man kann andere Situationen anführen, die wenigstens auf den ersten Blick diese Schwierigkeit zu vermeiden scheinen.

Bei Versteigerungen wird oft ein ganz geringfügiges Signal als ein verpflichtendes Gebot genommen. Manchmal wird freilich eine Kaution verlangt, ehe jemand bieten kann, also eine Art der Anzahlung. Doch oft gibt es keine solche Absicherung. Nun scheint die Möglichkeit, Gesten ernst zu nehmen, darauf zu beruhen, daß der ersteigerte Artikel bezahlt werden muß, ehe er mitgenommen werden kann. Faktisch hat man also nicht den Artikel gesteigert, sondern das Recht, ihn zu einem bestimmten Preis zu erwerben; und der Veranstalter bietet nicht den Artikel vertrauensvoll dar, sondern die Möglichkeit, ihn bei dieser bestimmten Gelegenheit zu verkaufen. Es *wird* ein bloßes Signal ernst genommen, aber nicht so ernst, wie man auf den ersten Blick meinen könnte. Ähnliche Verhältnisse herrschen im Börsengeschäft. Man braucht seine Finanzkraft gar nicht sehr genau unter Beweis zu stellen (wenngleich es Vorschriften gibt, daß Makler ihre Kunden kennen müssen), um einen Makler mit einem Anruf des – angeblichen – Käufers zu einem großen Abschluß zu veranlassen. Wenn irgendwo, dann werden hier bloße Worte recht ernst genommen. Doch da die Firma das Eigentumsrecht an dem verkauften Gut behält, bis es bezahlt ist, und da dies nach Gesetz innerhalb von fünf Tagen geschehen muß, so riskiert die Firma auf Treu und Glauben in Wirklichkeit nur den Preisunterschied der Ware zwischen Verkaufstag und Zahlungstermin.[28]

Sowohl bei der Versteigerung wie beim Börsengeschäft kommt man leicht zu dem Eindruck, man müsse den Worten des Kunden vertrauen, und die Gründe sucht man in Faktoren wie dessen »Besorgtheit um seinen guten Ruf«. Vielleicht ist ein Vertrauen in die Wirksamkeit solcher normativer Faktoren wichtig für die Beschleunigung der Geschäfte und zur Beruhigung des Verkäufers. Doch das sollte uns nicht vergessen lassen, daß das Funktionieren dieser Vertrauensbeziehungen in Wirklichkeit auf völlig außermoralischen Vorkehrungen beruht.

Versteigerung und Börsenauftrag lassen sich als Beispiele für eine viel allgemeinere Möglichkeit auffassen. Sprachliche Kommunikation ohne eine normative Vertrauensgrundlage dürfte stets dann möglich sein, wenn der Sprecher dem Hörer klarmachen kann, daß er ziemlich wenig zu verlieren hat, wenn er den Worten traut – man braucht weniger Vertrauen, weil weniger an-vertraut ist.

Betrachten wir noch einige weitere Beispiele für Glaubwürdigkeit ohne nötiges Vertrauen. Wenn der andere Heinz mit Worten auf objektive nichtsprachliche Beweisstücke für die Richtigkeit der Behauptungen hinweist, dann sollten diese Worte ihre Wirkung tun, wie wenig Heinz auch sonst bloßen Worten trauen mag; schließlich riskiert er ja nur die Richtung seiner Aufmerksamkeit und verliert nur ganz wenig, wenn sich die betrachteten Beweisstücke als nicht überzeugend herausstellen sollten. (Das gilt natürlich nicht für den berühmten Trick: »Paß auf, hinter dir!«) Ähnlich kann der andere, wenn man von ihm Geld, Beweisstücke oder sonst irgend etwas, was er versteckt zu haben zugibt, herauspressen will, einfach die gewünschte Information geben und weiß – und weiß, daß Heinz es weiß –, daß der unumstößliche Beweis für die Ehrlichkeit und Richtigkeit seiner Angaben sehr bald auf dem Tisch liegen wird. Sofern Heinz den Redenden unter seiner Kontrolle behält, bis die Angaben geprüft sind, dürfte er zu dem Schluß kommen, die Kosten des Ernstnehmens seien nur die des Befolgens der Anweisung. Und der Redende kann zu dem Schluß kommen, daß Heinz zwar jeden Grund hat, ihm zu mißtrauen, es aber doch nützlich finden wird, in dieser Beziehung vorübergehend Vertrauen zu haben. Sollte freilich der Redende *wirklich* nicht wissen, wo die Sachen versteckt sind, und das sagen, so fände er sich in der mißlichen Lage, daß er sich ebenso verhalten muß, wie er es müßte, wenn er Informationen verheimlichen wollte, die er tatsächlich besitzt. Man beachte, daß Information, die nicht irgendwie erhärtet werden kann, kaum die Mühe ihrer Beschaffung wert ist, denn welche Grundlage ließe sich denn dafür schaffen, ihr zu trauen?

Noch ein Beispiel. Ein Plan für gemeinsames Handeln, den ein nicht vertrauenswürdiger Gegner sprachlich vorbringt, kann von Heinz ohne Gefahr ernst genommen werden, wenn er eine Abfolge von Schritten vorschlägt, die die beiden jeweils gleichzeitig oder abwechselnd ausführen sollen, derart, daß kein *einzelner* Schritt die Position dessen, der ihn tut, nennenswert gefährdet. So könnten unsere beiden feindlichen Speerträger, zur Ausführung des sprachlichen Vorschlags des einen, beide ihre Speere senken, auf den Boden legen und dann entlang dem Rande der Lichtung einen Halbkreis gehen, bis jeder beim Speer des anderen angelangt ist, nun aber statt des feindlichen sein eigenes Gebiet im Rücken – und bei alledem würde in keinem Augenblick ein solcher Vorteil entstehen, daß die Befolgung des ganzen Planes gefährlich würde.[29]

Als letztes im Zusammenhang mit der Glaubwürdigkeit von Aussagen wollen wir das Rechtswesen betrachten, denn hier ist das Glauben eine Sache, mit der man sich viel beschäftigt. Anklagen, die Heinz gegen sich selbst vorbringt, werden im allgemeinen ernster genommen als solche, die er gegen andere erhebt, wohl weil man sich sagt, je weniger jemand von einer Aussage zu gewinnen hat, desto mehr könne man ihr glauben. Auf jeden Fall wird man Heinz, falls er eine Anklage gegen sich selbst vorbringt, so weit glauben, daß eine Untersuchung eingeleitet wird – es sei denn, es lägen offensichtliche Gegengründe vor, die mit seinem Alter, seinem Nüchternheitszustand und seiner geistigen Gesundheit zusammenhängen –, doch wenn keine bestätigenden Tatsachen, kein corpus delicti an den Tag kommen, dann wird er nicht unter Anklage gestellt. Und wenn Heinzens Aussagen nicht persönlich vor der Obrigkeit gemacht werden, sondern dieser von dritter Seite zugetragen werden, dann pflegt man sie als bloßes »Gerede« zu behandeln. Ausnahmsweise wird Zugetragenes ernst genommen, wenn es (wie schon erwähnt) den Interessen des Zuträgers zuwiderläuft, oder wenn er glaubhaft machen kann, es handle sich um Heinzens letzte Worte, oder um res gestae, das heißt, wenn sie in dem Augenblick und angesichts dessen vernommen wurden, worauf sie sich beziehen.[30]

Man kann also Situationen anführen, in denen bloßen Worten anscheinend Gewicht beigelegt wird, doch bei näherem Zusehen erkennt man, daß dieses Gewicht in Wirklichkeit gering ist. Wie ist es dann möglich, daß bloße Ankündigungen in der strategischen Interaktion doch eine Rolle spielen?

Eine Antwort aus der Spielperspektive ist der Begriff des »Sich-Festlegens«, wie er von Schelling entwickelt wurde. Wer eine bedingte Handlungsweise ankündigt (oder durch Ausdruckselemente kundgibt), kann dem dadurch Nachdruck verleihen, daß er sich die materiellen Möglichkeiten nimmt, die ihm ein Abgehen von ihr ermöglichen würden, oder indem er sich des Einflusses auf die Gewinnverteilung begibt, die ihm jedes Abgehen von seiner angekündigten Absicht sehr teuer zu stehen kommen läßt.

Wohl die bekannteste solche Einrichtung ist die »Kaution« oder »Anzahlung« [31]; eine andere ist, sich selbst oder geliebte Menschen als Geiseln zu geben. Noch eine andere Möglichkeit, sich festzulegen, ist die, Mittel für die Anfangsschritte einer Handlungsweise derart aufzuwenden, daß die Fortsetzung unumgänglich wird, und all dies dem Gegner überzeugend zu beweisen. (Natürlich kann man so auch bei unbedingten Ankündigungen verfahren, nicht nur bei bedingten.) Man beachte, daß in allen Fällen nicht die Worte als solche der Versprechung oder Drohung ihr Gewicht verleihen, sondern überzeugende objektive Beweise, daß man sich unwiderruflich auf einen angekündigten Kurs begeben hat oder ihn mit Konsequenzen verknüpft hat, die überwältigend für ihn sprechen. Kann der Spieler keine solchen Beweise liefern, dann ist in vielen Fällen keine spielrelevante Interaktion zwischen den Parteien möglich oder sollte es jedenfalls nicht sein.

IV

Das Sich-Festlegen ist zwar für die Analyse von Spielstrategien von entscheidender Bedeutung, doch die empirische Untersuchung der strategischen Interaktion muß noch weiter gehen. Der Gedanke des vollständigen Interessengegensatzes, des »Nullsummenspiels«, und des reinen und fugendichten Spiels deckt nicht alles ab, was der Betrachtung wert ist. Der Begriff des Koordinationsspiels erfaßt zwar einiges weitere, läßt aber noch viel zuviel unberücksichtigt. Denn im wirklichen Leben ist es gewöhnlich so, daß spielähnliche Situationen im Rahmen einschränkender und fördernder sozialer Normen entstehen. Die Spieltheorie als solche behandelt diese Normen mit Vorteil als eine bedauerliche Beschränkung der Spielerkompetenz – die wenigstens vorläufig beiseite zu setzen ist, damit die Analyse weiterkommen kann. Oder die Normen können als Bedingungen des Spiels behandelt werden oder als etwas, an dessen Aufrechterhaltung die Parteien ein Interesse haben. Doch für den Soziologen können diese normativen Einschränkungen des reinen Spiels – zu deren Herausarbeitung die idealisierten Spiele selbst beitragen – das eigentlich Interessante sein. Machen wir also unsere kleinen Modellsituationen dem wirklichen Leben in verschiedener Beziehung ähnlicher. Es wird sich zeigen, daß Heinz und sein Gegner immer noch die Möglichkeit haben müssen, sich auf Ankündigungen festzulegen, daß sie es jetzt aber sehr viel besser können.

Man könnte mit der Feststellung beginnen, daß Heinzens Situation mit dem Feuer, Flugzeug, Löwen oder sonst unter dem Gesichtspunkt der Einschränkungen gesehen werden kann, denen seine Tätigkeit unterworfen ist. Diese müssen analytisch aufgegliedert werden.

Da ist zunächst der *Zwang zum Spielen.* Ist Heinz einmal in einer solchen Spielsituation drinnen, so kann er sich nicht dem Spiel entziehen oder es aufschieben; tut er nichts, so hat er doch der Wirkung nach eine Wahl getroffen und eine Handlungsweise verwirklicht. Zweitens gibt es Einschränkungen für die Handlungen. Heinz steht nicht vor einer weitgespannten Wahlmöglichkeit zwischen Zügen, die sich nur ganz wenig voneinander unterscheiden, oder die er verändern könnte, sondern vor endlich vielen und oft recht wenigen Möglichkeiten, die sich alle ganz deutlich voneinander unterscheiden. Mit anderen Worten, Heinzens Situation ist *strukturiert.*[32] Drittens kann er die Entscheidung für einen bestimmten Zug und seine Einleitung nicht rückgängig machen; er ist dann auf ihn *festgelegt.* Viertens gibt es einen festen Zusammenhang zwischen dem Spiel und dem Ergebnis. In den obigen Beispielen ging es um Leben und Tod, wie sehr Heinz auch wünschen mochte, es sollte lieber um weniger gehen. Wichtiger noch, die ausgeführten Handlungen und die als Ergebnis des Spiels entstehenden Gewinne und Verluste gehören nahtlos zu ein und derselben Situation, ganz wie bei einem scharfen Duell, wo der Erfolg des Ausfalls mit dem Degen und die Zufügung einer Verletzung zu ein und demselben Ganzen gehören. Ich spreche hier vom *untrennbaren Ergebnis.*

Die vier beschriebenen Faktoren – Zwang zum Spielen, Strukturiertheit der Wahlmöglichkeiten, Festgelegtheit auf die gewählten Züge und untrennbares Ergebnis – werden zusammengenommen manchmal als *Erzwingungssystem* bezeichnet.

In den bereits angeführten Modellsituationen ergibt sich die Erzwingung weitgehend aus den natürlichen Bedingungen in Verbindung mit Heinzens unabänderlicher Beschaffenheit als Mensch. Und wir betrachten sauber abgegrenzte kleine Spiele; Heinz kann nicht viel unternehmen, um die Bedingungen zu verändern, unter denen er handeln muß. Das gilt sogar, wenn er dem anderen Speerträger gegenübersteht: bei der Feindschaft der Stämme, der Lage der Gebiete, der Beschaffenheit der Speere und der sie schleudernden Arme ist Heinzens Zwangssituation unvermeidlich und unentrinnbar. (Und denkbare Lösungen wie das gleichzeitige schrittweise Erreichen des eigenen Territoriums dürften keine Lockerung bringen, denn mißtrauische Spieler pflegen vom Gegner vorgeschlagenen Verfahren nicht zu trauen, auch wenn sie noch so sicher und für beide Seiten vorteilhaft erscheinen.)

Ein wichtiger Schritt zur Auflockerung des Spiels besteht darin, daß die Erzwingungsmacht aus den Händen von Mutter Natur in die einer sozialen Institution gelegt wird, die darauf spezialisiert ist, nämlich einer Organisation von Amtsträgern, die zu endgültigen Entscheidungen und zur Auferlegung von Zahlungen ermächtigt sind. Damit ist ein ganz entscheidender Keil zwischen Handlung und Ergebnis getrieben. Da die Richter und ihre Handlungen selbst nicht völlig in der natürlichen Umwelt aufgehen, sind viele unnatürliche Dinge möglich.

Zunächst einmal, und das ist auch das Wichtigste: Ist das Ergebnis eines Spielerzuges nichts Automatisches mehr, sondern wird es vom Richter festgesetzt und veranlaßt, nachdem alles vorüber ist, so erhält der Zug selbst in subtiler Weise einen geringeren Status; faktisch wird er zu einem bloßen Mittel, Punkte in einem Unterhaltungsspiel zu machen. Muß Heinz, der Gladiator, den Gnadenstoß für seinen besiegten Gegner aufschieben und der Entscheidung eines wohlbestimmten Teils des Publikums anheimstellen, so ist sein Kampf zu einem Wettkampf geworden – den er ebensogut als Tischtennisspiel austragen könnte. Entsprechendes gilt für ein scharfes Duell. In der modernen Form, wo Spieler und Finten elektrisch geschaltet sind, ist ein erfolgreicher Ausfall nicht mehr untrennbarer Bestandteil der zugefügten Verletzung, sondern nur noch ein Mittel, Leuchtanzeigen höher zu bringen. Und die ihr entsprechende Auszahlung kann der Erlaß einer Todesstrafe sein, die zu anderer Zeit und an anderem Ort vollzogen werden sollte, oder die Hand der Prinzessin, oder eine silberne Trophäe, oder grüne Marken.[33]

Das Beschriebene ist ein Arrangement, bei dem das Punktesystem und die Auszahlung physisch getrennt und nur willkürlich und *äußerlich* verknüpft sind, und dies mittels eines sozial organisierten Systems von Sanktionen. Unter diesen Umständen kann man nun ohne weiteres alle Arten sprachlicher Signale und festgelegter Gesten als wirksame Züge betrachten. Wie wir später sehen werden, brauchen die Richter solche Signale lediglich als bindend für ihre Urheber zu »betrachten«, und die Spieler werden bloße Worte gar nicht mehr »bloß« finden, sondern vollgewichtig.

Nun muß man sehen, daß neue wichtige Möglichkeiten entstehen, wenn das Spiel sozial vermittelt, wenn es »gelockert« ist.

Da gibt es zunächst Deutungsfragen: Möchte der Spieler seinen Zug ernst genommen wissen, als wirklichen Zug, oder macht er nur Spaß, oder spielt er bloß mit den Zeichen herum, oder übt er, und so fort?

Mit der Frage der Deutung hängt die des Mißverstehens zusammen.

Ein klarer Treffer in einem tödlichen Spiel mit Hieb- und Stichwaffe kann in einer nebligen Nacht ohne weiteres zustande kommen, klar ist er wegen seiner physischen Folgen für den getroffenen Organismus. Doch in Spielen, wo es nur um Punkte geht, muß ein Zug oft durch eine klar wahrnehmbare Handlung beendet werden, sonst könnte unklar sein, was eigentlich geschehen ist. Ein wesentlicher Teil der Ausbildung von Croupiers zum Beispiel hat damit zu tun. Es soll gewährleistet werden, daß die Zeichenaspekte der Spielumwelt absolut klar und stabil bleiben, so daß auf keinen Fall darüber gestritten werden kann, was eigentlich stattgefunden habe.

Eine andere neue Möglichkeit bei gelockerten Spielen ist die des Falschspielens; sie beleuchtet den Unterschied zwischen automatischer natürlicher Erzwingung mit untrennbarem Erfolg und sozialer Erzwingung mit äußerlich verknüpftem Erfolg. Ganz offensichtlich ist bei einer Erzwingung durch eine unerbittliche Natur ein Falschspielen nicht möglich – ja gar nicht denkbar. Doch wo Richter auf Punkte achten müssen, da sind stets verschiedenartige Betrugsmanöver möglich.

Mit dem Falschspielen hängt eine andere Möglichkeit eng zusammen, die der Bestechung und Einflußnahme. Richter sind Menschen und deshalb immer anfällig. Nehmen wir an, Heinz ist ein Flugschüler bei der Prüfung im Flugsimulator, dann kann man seine automatisch aufgezeichneten Betätigungen toter Bedienungselemente als Punktergebnis nehmen. Hier kommt das Ergebnis nicht durch die Natur oder eine sozial entstandene Umwelt zustande, sondern durch eine eingesetzte Prüfungskommission, die ihr Urteil auf die bloßen Punktaufzeichnungen stützt. Nun dürfte vielen Kandidaten eine Prüfungskommission ganz wie die Natur vorkommen, mit der man nichts anspinnen, die man nicht um Gnade bitten und die man nicht gut voraussagen kann. Doch in Wirklichkeit kann man an Prüfungskommissionen appellieren, sie umgehen, infiltrieren, Subversion betreiben, ja sie einschüchtern oder zwingen, eine Entscheidung zu revidieren; außerdem kann man die richtigen Antworten in einem Test vorher ausknobeln oder sogar verraten bekommen.

Bei den meisten Entscheidungen von Richtern beruht auch die Durchsetzung des Ergebnisses nicht auf reinem Zwang, anders als wenn etwa die Natur in Sachen von Leben und Tod die Weichen stellt. Es sind noch andere Faktoren im Spiel: das Empfinden, daß Richter geheiligt sind und ihrem Spruch nicht offen getrotzt werden sollte;

das Vermögen der Richter, zusätzliche Strafen schärferer Art zu verhängen, wenn ihr Urteil nicht anerkannt wird, und noch schärfere Strafen, wenn diesem Urteil wiederum getrotzt wird, und so weiter, bis es wohl schließlich zu physischen Zwangsmaßnahmen kommt. In vielen Fällen ist also der Verlierer eines Spiels in der Lage, wenigstens eine Zeitlang das Urteil gegen ihn nicht gutwillig hinzunehmen, und das kann sich für ihn durchaus lohnen.[34]

Es wird also viele Spiele geben, an deren Ende noch ein zweites stilles Spielchen kommt. Heinz muß sich fragen: Lohnt sich für mich der Aufwand und das Risiko einer Umgehung, Subversion oder eines Widerstands gegen das Erzwingungssystem?

Ein letztes zu den gelockerten Spielen. Ist die Erzwingung aufgrund natürlicher oder von Menschen geschaffener Bedingungen unerbittlich und automatisch, so findet man im allgemeinen, daß die Handlungen, die Heinz offenstehen, ihm vollständig offenstehen: er verfügt über alle nötigen Fähigkeiten und Hilfsmittel, um den von ihm gewählten Zug in Gang zu setzen und auszuführen. Ist aber das Erzwingungssystem das einer sozialen Organisation, und sind Punktwertung und Auszahlung getrennt, dann ändert sich die Rolle des Spielers als eines wirkenden Akteurs. Die physische Fähigkeit zu dem Zug kann jede Bedeutung verlieren, da in vielen Spielen mit sozialer Erzwingung der Zug selbst nur Symbole betrifft – etwa daß eine Spielmarke von einem Feld in ein anderes geschoben wird. Stattdessen tritt eine andere Frage in den Vordergrund: ob der Spieler ermächtigt ist, seine Partei zu binden, das heißt, für sie zu spielen, und wenn ja, welche Grenzen dafür bestehen, was er in ihrem Namen tun kann.[35]

Ich habe behauptet, Spiele, die auf einem sozialen Erzwingungssystem beruhen, seien mit vielen Problemen belastet, von denen starre Spiele frei seien. Doch man könnte immer noch die Auffassung vertreten, mit den hier betrachteten Begrenzungen des Spielmodells könne man fertig werden. Nun gibt es aber noch andere, allgemeine Grenzen, für die das weniger gelten dürfte.[36] Menschen haben oft das Gefühl, Organisationen und insbesondere Staaten seien als Bedingungen für angepaßtes Handeln und nicht als Gegner in einem Spiel aufzufassen. Ferner wissen Menschen oft nicht, in was für einem Spiel sie eigentlich stecken und für wen sie spielen, ehe alles schon vorbei ist. Und auch wenn sie um ihre eigene Position wissen, kann ihnen noch unklar sein, gegen wen – wenn überhaupt jemanden – sie spielen, und wenn sie es wissen, kann ihnen unklar sein, welches Spiel dieser spielt, geschweige denn welches System möglicher Züge er hat. Kennen sie ihre eigenen möglichen Züge, so können sie gänzlich außerstande sein, die Wahrscheinlichkeit der verschiedenen Ergebnisse oder ihren Wert auch nur ungefähr abzuschätzen. Und schlechte Züge führen nicht zu eindeutigen Strafen, die als solche gesehen werden, sondern zu verschwommenen und disparaten unerwünschten Folgen – etwa wenn jemand etwas tut, was ihn gegenüber dem sozialen System außer Tritt geraten läßt. Natürlich kann man diese verschiedenen Möglichkeiten so behandeln, daß man für die möglichen Ergebnisse mit ihrem Wert und ihrer Wahrscheinlichkeit Näherungswerte einsetzt und das Ganze auf die Form einer Spielmatrix bringt; das ist zwar eine gute Übungsaufgabe, doch die Näherungen dürften herzlich wenig mit den Tatsachen zu tun haben (und auch so empfunden werden).

V

Blicken wir auf die Entwicklung zurück, die wir unseren Heinz haben durchlaufen lassen. Auf der einen Seite steht eine Partei und ein ermächtigter Spieler, der sie auf eine, wie er hofft: beste Handlungsweise in einer Situation festlegt, die aus den ihr und dem Gegner möglichen Handlungsweisen besteht. Auf der anderen Seite steht die Natur (rein oder sozial durchsetzt) oder eine soziale Organisation, die das Spielen erzwingt, die Wahlmöglichkeiten strukturiert, die Partei auf den Zug des Spielers festlegt und ein bestimmtes Ergebnis durchsetzt. *Interaktion* bedeutet also von Heinzens Standpunkt aus diese Abfolge: Einschätzung, Entscheidung, Handlung, Ergebnis. Erfolgt die Erzwingung durch eine soziale Organisation, so können Züge in Form einer Kommunikation gemacht werden, die aber, jedenfalls im engeren Sinne des Wortes, analytisch nicht wesentlich oder notwendig ist.

Wir wollen unseren bisherigen und unseren zukünftigen Weg an den »Ausrüstungsspielen« wie Dame, Bridge, Würfeln u. ä. verdeutlichen.

In den Ausrüstungsspielen gibt es Möglichkeiten, für das Spiel wesentliche Einsatzmittel an die Parteien zu verteilen, und die Spieler können diese Einsatzmittel auf eine Voraussage setzen, deren Richtigkeit oder Unrichtigkeit dann die im Spiel befindliche Ausrüstung als Entscheidungsmaschine bestimmt. Kommen die Spieler miteinander ins Spiel, so werden die Spielausrüstung einschließlich der Einsatzmittel, Spiele und Ergebnisentscheidungen in Gang gesetzt.

Bei einem Spiel wie dem Kasino-Würfelspiel bleiben die verschiedenen Funktionen der Ausrüstung verhältnismäßig gut getrennt. Das »Spielbrett« liefert eine klare Darstellung der Gesamtheit der Ergebnisse, um die gespielt wird – die Matrix der möglichen Züge. Die Würfel sind eine Entscheidungsmaschine dafür, welches der möglichen Ergebnisse tatsächlich eintritt. Die Spielmarken haben mehrere Funktionen. Sie sind die spiel-äußerlichen Einsatzmittel für die Auszahlung [37]; sie dienen als Zeichen zur Darstellung der Entscheidung eines Spielers; sie dienen als Pfänder, nämlich Einsatzmittel, die der Spieler aus der Hand gibt, womit er sich auf ein bestimmtes von ihm vorausgesagtes Ergebnis festlegt. Man beachte, daß es sich um eine besondere Art der Festlegung von Einsatzmitteln – eine besondere Art Zug – handelt, womit nämlich allen Beteiligten automatisch das vorausgesagte Ergebnis mitgeteilt wird, auf das der Spieler seine Einsatzmittel festgelegt hat. Die Situation ist ähnlich wie bei Heinz und dem Löwen, nur daß das Würfelspiel bewußt so organisiert ist, daß alle Züge erkennbar sind.

Bei Spielen wie Dame sind die Spielfunktionen nicht so getrennt wie beim Würfelspiel. Das Brett stellt (wie beim Würfelspiel) die Menge der möglichen Züge dar. Die Steine sind die spieleigenen Einsatzmittel wie auch Pfänder, mit ihnen wird nämlich die Anordnung der vom Spieler eingesetzten Kräfte offen dargestellt. Auch die Entscheidungsmaschine steckt in den in bestimmter Stellung befindlichen Steinen, es ist eine bestimmte Konfiguration zweier feindlicher Steine in Verbindung mit einer Regel zum »Schlagen«. Bei Kartenspielen wie Bridge haben die Karten noch vielfältigere Funktionen. Das Spielinventar zerfällt in 52 Stücke, die gleichmäßig auf die Spieler verteilt werden und ihnen auch als spieleigene Einsatzmittel dienen. Wie beim Damespiel ergeben sich die Gewinn- und Verlust-Entscheidungen aus einer bestimmten Gegenüberstellung der eingesetzten Mittel der Spielgegner in Verbindung mit einer Regel zum »Nehmen«.

Alle Ausrüstungsspiele können dadurch komplizierter gemacht werden, und einige werden es gewöhnlich auch, daß die spieleigenen Einsatzmittel an spiel-äußere geknüpft werden, gewöhnlich, aber nicht unbedingt, an Geld. Die Verknüpfung kann natürlich in Form jeder beliebigen Äquivalenzbestimmung geschehen. Bei Spielen wie z. B. Poker kann (aber muß nicht) Geld unmittelbar eingesetzt werden, so daß die Übersetzung von spieleigenen in äußere Einsatzmittel unnötig wird.

Jetzt können wir die Hauptfrage stellen: Mit welchem Erzwingungssystem wird dafür gesorgt, daß das Spiel im richtigen »Geiste« gespielt wird, das heißt, daß ein Spieler, der einen Zug gemacht hat, auch dabei bleibt und zum Beispiel nicht mitten im Spiel seinen Sinn ändert oder seinen Einsatz zurückzieht oder ihn nicht hergeben will oder behauptet, er spiele gar nicht »richtig«, oder den Tisch umkippt?

Nehmen wir als erstes Spiele, die in zugelassenen Kasinos gespielt werden, mit einer Partei, die gegen eine gutbetuchte soziale Institution spielt, die in festgelegter Weise spielt und zahlt. Was gibt es da für Erzwingungsmöglichkeiten?[38]

Die Auszahlung erfolgt in Geld, von dem vorausgesetzt wird, daß es für die Partei einen Wert darstellt. Das Kasino betreibt ein Nebengeschäft, indem es seinen Kunden auf Verlangen in beiderlei Richtung Spielmarken gegen Geld oder deren Schecks eintauscht; es macht und akzeptiert auch Wetten in dieser Lokalwährung, und der Spieler muß diese als zeitweiligen Geldersatz akzeptieren. Es sind zwar schon Kasinos bankrott gegangen, womit ihre Spielmarken wertlos wurden, doch das ist nicht häufig, so daß für gewöhnlich der Einlösungswert der Marken gesichert ist. Das bedeutet, daß die Spielmarken zwar in gewissem Sinne »bloße« Symbole sind, doch gewiß nicht in dem Sinne, wie Rosen und Fahnen es sein können; für gewöhnlich stellt eine Spielmarke eine sehr klare einlösbare Forderung dar, ganz ähnlich wie auch das Geld selbst.

Die Einhaltung der Spielregeln wird durch die Kasinoaufseher und, hinter ihnen, die Polizei erzwungen. Doch in der Praxis brauchen diese Organe nur selten zu diesem Zweck tätig zu werden. Die Kasinos haben ständig zu leiden unter Betrügereien ihrer Kunden und Angestellten, es sind schon welche dadurch zugrunde gerichtet worden. Sogar Spielmarken sind schon gefälscht worden. Aber kein Kasino hat darüber zu klagen, daß Spieler einen verlorenen Einsatz nicht hergeben wollen. Hier scheint kein Aufseher und keine Polizei tätig werden, ja auch nur anwesend sein zu müssen. Die Erzwingung muß hier wohl von etwas anderem ausgehen. In einem Kasino ist der Spieltisch so organisiert, daß völlig klar und leicht wahrnehmbar ist, wieviel jemand auf welches Ergebnis gesetzt hat und wie das Ergebnis tatsächlich aussieht. Und es ist bei den verschiedenen Spielen auch dafür gesorgt, daß der Spieler das Geld oder die Spielmarken, die er eingesetzt hat, physisch weggegeben und sich ökologisch davon getrennt hat. Gleichzeitig hat der Croupier dafür zu sorgen, daß die Einsätze in Spielmarken und nicht in Geld gemacht werden – als Einheitsmarkenzahlen, die sich voneinander nur dadurch unterscheiden, wieviele davon das Kasino gegen sie setzen muß. Diese Vorkehrungen in Verbindung mit der Institutionalisierung der sogenannten »Spielgesinnung« – und nicht die Gegenwart von Aufsehern – dürften die Erzwingung herstellen, die aus dem Setzen von Spielmarken einen wirklichen Einsatz macht.[39]

Geht man von den Kasinospielen zu privaten über, hinter denen keine Polizei, sondern höchstens Selbstjustiz steht, so tauchen neue Erzwingungsprobleme auf. Das 2-Würfel-Spiel »craps«, auch wenn an einem ganz beliebigen Tisch gespielt, ist streng geregelt: es wird unmittelbar Geld eingesetzt, und am Ende jeder kurzen Runde wird umfassend abgerechnet und ausgezahlt. Doch das private Poker wird gewöhnlich mit Spielmarken als Geldersatz gespielt, die zu Beginn des Spiels gekauft (und von manchen Spielern auch in wenig glücklichen Momenten danach) und am Ende eines Abends eingelöst werden. Das Spiel wird finanziell in der Regel nicht von einem »Haus« getragen, sondern gewöhnlich von einer Partei, die als solvent und vertrauenswürdig gilt – oftmals, aber nicht immer, der Gastgeber. Manchmal geben die Spielparteien einander Kredit, und die Eintreibung dieser Schulden kann problematisch sein (was sie für Kasinos jedenfalls ist). Neben dem Poker gibt es Punktspiele wie Rommé und Bridge, bei denen die Parteien das Ende des Abends abwarten müssen, bis die notierte Punktzahl in einen Geldbetrag übersetzt wird, der bar, durch Scheck oder durch Zahlungsversprechen einzulösen ist.

Geht man also von den Kasinospielen zu den privaten über, so gibt es freizügigere Möglichkeiten der Übersetzung spieleigener Einsatzmittel in die vielfältigeren der äußeren Wirtschaft. Wie kann man nun die Tatsache erklären, daß sich die Spieler unter diesen Verhältnissen so verhalten, daß ihre Einsätze wirklich bindend sind?

Die Gründe liegen auf der Hand. Da ist einmal der anerkannte Grund, daß sich Heinz die Grundsätze der Sportlichkeit und des fair play zu eigen gemacht haben und sich verpflichtet fühlen sollte, die Regeln jedes Spiels einzuhalten, wenn er es einmal zu spielen begonnen hat, auch wenn er sicher ist, daß er völlig unerkannt mogeln könnte. Nur geringfügig weniger anerkannt ist ein zweiter Grund: man schämt sich, vor den anderen als jemand dazustehen, der sich nicht an die Regeln hält. Die Gefahr, ein Schwindler oder Spielverderber oder Störenfried bei sozialen Ereignissen zu sein, sollte genügen, um ihn, genau wie seine Mitspieler, an die Spielregeln zu binden. Schließlich gibt es die

Meinung, wer in dem Ruf der Unehrlichkeit stehe, der habe es schwer, wieder Mitspieler zu finden. (Unter berufsmäßigen Spielern soll es besonders schwer sein.)

Nun dürfte es auf der Hand liegen, daß diese normativen Erzwingungsfaktoren bei Heinz umso wirksamer sind, je weniger außerhalb des Spiels für ihn Wertvolles er aufs Spiel setzt. Und je mehr er von seiner Substanz einsetzen muß, desto weniger, könnte man sagen, läßt er sich durch die Rücksicht auf seinen Ruf beeinflussen. Es gibt gewiß Spiele auf Leben und Tod, bei denen die Gegner ein einziges Mal um alles oder nichts interagieren und die reale Frage entsteht, wie man einen Zug machen kann, ohne sich auf objektiver Ebene richtig festzulegen; denn selbst wenn sich Heinz in einem solchen Augenblick von sozialen Rücksichten leiten lassen möchte, könnte er es doch klug finden, daran zu denken, daß sein Gegner das Gefühl haben könnte, es gebe keinen vernünftigen Grund, einer rein verbalen Versprechung oder Drohung von Heinz Gewicht beizumessen. Schließlich ist unter jedem Erzwingungssystem der Einsatz eines Hilfsmittels des Spiels nur am Rande eine Mitteilung; in erster Linie ist es ein Mitteleinsatz, eine Festlegung, und wo es nichts festzulegen gibt oder keine Möglichkeit des Festlegens, da kann die Mitteilung in Wirklichkeit leer sein.

Kommen wir nun von den Ausrüstungsspielen mit ihren normativ erzwungenen Zügen mit zeichenhaften Einsatzmitteln zu Situationen, in denen es überhaupt keine Ausrüstung gibt außer dem gesprochenen Wort.

Oben sagten wir, wenn soziale Organisationen zur Erzwingung eingesetzt würden, dann könne man Aussagen ziemlich leicht als Züge gelten lassen. Und es gibt in der Tat viele Situationen im täglichen Leben, in denen die entsprechende Äußerung der entsprechenden Person zu einer Verpflichtung durch das bloße Wort führt. Vereidigungsrituale und Heiratszeremonien gehören dazu. Es geht nicht darum, ob solche Aussagen die Tatsachen richtig wiedergeben oder ob sie Gesinnungen ausdrücken, an die man selbst glaubt, sondern der Erzwingungsapparat ist so beschaffen, daß diese sprachlichen Handlungen die Wirkung richtiger Züge haben. Austin nennt sie sehr glücklich »performative Äußerungen«.[40] Ein gutes Beispiel dafür ist das Bridge, wo das Wort »Doppel«, sofern es in der richtigen Situation und »ernsthaft« gesprochen wird, eine ebenso reale und unwiderrufliche Festlegung bildet wie das Niederlegen des Kreuz-As. Luftfahrtgesellschaften z. B. verbieten geradezu scherzhafte Ausnahmen von der Festlegung;

wie man hört, ist jede Art von scherzhafter Bombendrohung in einem Flugzeug strafbar.

Das Rechtswesen ist natürlich ein wichtiges Beispiel einer sozialen Erzwingungsorganisation, die auf die Einhaltung sprachlicher Äußerungen achtet, und es ist vielleicht letzten Endes die Grundlage aller derartigen Organisationen. Vor dem Gesetz sind eine ganze Menge geäußerter Drohungen und Versprechungen Züge, für die Heinz haftbar gemacht werden kann. In der Gerichtsverhandlung sind noch mehr Aussagen einer Erzwingungsaufsicht unterworfen. Äußerungen unter Eid, an die man selbst nicht glaubt, sind strafbar; ebenso Verbalinjurien gegen das Gericht. Die Verweigerung einer Aussage kann selbst als eine Festlegung genommen werden:

> »Wenn ein Angeklagter unter Verhältnissen, die ihm eine angemessene Möglichkeit zum Antworten geben würden, zu einer Beschuldigung schweigt, so kann das für gewöhnlich als Beweis für ein Schuldeingeständnis genommen werden.«[41]

Gerichtsverhandlungen und die Orte, an denen sie gewöhnlich stattfinden, sind also Orte, an denen Worte Gewicht haben können.[42] Es gibt noch andere kontrollierte Situationen, in denen etwas Ähnliches gilt. Beim Militär wird durch die Äußerung »Das ist ein Befehl« auf rein sprachlichem Wege die gesamte Zwangsmacht, die dem Militär gesetzlich verliehen ist, akut ins Spiel gebracht. Und durch die Äußerung »Ist das ein Befehl?« wird sprachlich die gesamte Verantwortung für eine Handlung der Partei übertragen, die die Ausführung verlangt. Diese beiden sprachlichen Wendungen sind sehr reale Züge in dem hochkontrollierten Spiel der militärischen Disziplin.

Von den institutionellen Situationen, in denen man bereitstehende spezialisierte Organisationen anrufen kann, um Worten Gewicht zu verleihen, wollen wir uns jetzt weniger formalen Situationen zuwenden, in denen die Beteiligten selbst die Erzwingung leisten müssen oder dafür auf eine unbestimmte und veränderliche Öffentlichkeit angewiesen sind. Hier stößt man auf ein Mosaik wenig durchschauter und veränderlicher Praktiken. Zum Beispiel: In Geschäftskreisen kommen wesentliche Vorgänge durch mündliche Abrede zustande, vor allem, wie ich hinzufügen möchte, auf illegalem Gebiet, etwa bei illegalen Pferderennwetten. In Großorganisationen pflegt eine mündliche Verabredung einer Zusammenkunft zu bestimmter Zeit und an einem bestimmten Ort zwischen Untergebenem und Vorgesetztem eine feste Verpflichtung für den Untergebenen zu bilden. Es heißt, in Europa hätten zwischen den Kriegen die Staatsoberhäupter gegenseitig auf ihre Worte geachtet, so skeptisch sie auch gegenüber Äußerungen von niedrigerer Ebene waren.

Worauf beruht es hier, wenn den Worten Gewicht gegeben wird? Man stößt auf einen ganzen Sack voller Gründe, die ganz besonders schwer von Rationalisierungen zu trennen sind. Diese erwähnten wir bereits im Zusammenhang mit dem sportlichen Geist. Heinz wird uns sagen, er müsse vor sich selbst bestehen und würde sein Wort auch dann halten, wenn niemand als er allein wissen könnte, daß er es gebrochen hat. Er wird auch sagen, ob er nun sein Wort gern brechen möchte oder nicht, der andere habe das Recht, fair behandelt zu werden, und Heinz fühle sich verpflichtet, dieses Recht zu respektieren. Man beachte, daß hier davon ausgegangen wird, daß jemand, der Partei ist, eine Art moralischer Verpflichtungsmechanismus sein könne, der innerhalb von Grenzen, die wenig analysiert werden, als Erzwingungsmaschine fungieren könne. Ja, das gewöhnliche Verständnis von »Verpflichtung« deutet oft auf etwas Derartiges hin, denn es enthält ja dies, daß der einzelne, soweit es seine eigene Person betrifft, seinen Willen so disziplinieren und seine Hilfsmittel so wirksam einsetzen könne, daß er sich selbst gegenüber zum Erzwinger werde. Heinz als der unbewegte Beweger, die Verpflichtungsmonade. Im gewöhnlichen Verständnis kommt noch die Vorstellung des emotionalen Ausdrucks als einer Art eingebauten unverfälschbaren Anzeigeinstruments hinzu, die dem Beobachter die Unterscheidung ermögliche zwischen Ankündigungen, auf die wenig zu geben ist, und solchen, bei denen Heinzens »Fähigkeit zum Engagement« am Werke war. Diese naiven Vorstellungen, daß sich jemand durch Worte verpflichten könne, und daß sein Ausdruck in diesem Augenblick seine Einstellung bestätige, sind grundlegende, wenn auch abwegige, Vorstellungen von unseren strategischen Interaktionen; sie ziehen sich durch alle unsere Interaktionen hindurch, als könne man gar nicht anders mit der Welt umgehen, auch unter Umständen, wo das Mißtrauen sehr stark und das, was auf dem Spiele steht, noch extremer ist. So war zum Beispiel Kennedy während der Raketenkrise anscheinend schockiert, daß Chruschtschow ehrlich klingende Versicherungen abgab, es sei keine Aggression geplant, während doch die Raketen auf Kuba aufgestellt wurden; und auch nachdem dies entdeckt war, lasen Kennedy und seine Berater aus Dobrynins und Fomins Ausdrucksverhalten immer noch heraus, daß diese an ihre Aussagen selbst glaubten.[43] Und Kennedy war bereit, die Staatsangelegenheiten in diesem Stil zu betreiben, obwohl er es selbst opportun gefunden hatte, eine freundschaftliche Zusammenkunft mit Gromyko und Dobrynin zu veranstalten und dort im Sinne des üblichen Spiels so zu tun, als wäre gar nichts Bedeutendes im Gange, wo er doch wußte, daß sich die russischen Raketen auf Kuba befanden; daß Gromyko das wußte, aber nicht dergleichen tat; und daß Gromyko nicht wußte, daß Kennedy es wußte.

Ein Grund dafür, auf Heinzens Worte etwas zu geben, ist also dieser: man sagt sich, seine Natur sei einfach so beschaffen, daß sie einen gewissen Einblick in seine Absichten liefere, ein Guckfenster in eine Kammer, die von innen durch emotionalen Ausdruck erleuchtet ist. Ein anderer Grund dagegen wäre der, daß Heinz auch ohne formelle Erzwingung deshalb zu seinem Wort stehe, weil es einfach nützlich sei. Auch wenn Heinz persönlich nichts gegen das Lügen hat und zu täuschendem Ausdruck durchaus fähig ist, könne er immer noch den Eindruck haben, die Gefahr der Entdeckung lasse den Zug nicht als klug erscheinen, denn wenn er einmal beim Lügen ertappt sei, dann werde in der Situation keiner mehr etwas auf sein Wort geben. So verläßt man sich angeblich bei den Russen im Außenhandel deshalb auf prompte Bezahlung, weil man glaubt, sie glaubten, eine Serie erfüllter Versprechen sei die einzige Möglichkeit, ihre Kreditwürdigkeit zu festigen, und die halten, nach dem Dafürhalten, die Russen für nötig. Man beachte, daß das Nutzenargument besonderes Gewicht hat, wenn beide Parteien davon ausgehen, es sei ihr Schicksal, daß sie, komme was da wolle, auf viele Jahre irgendwie zusammenarbeiten müßten. Auf diese Weise hat man auch zu erklären versucht, daß in einigen Betrieben die Vertreter der Belegschaft und der Geschäftsleitung gewisse Formulierungen für den Fall reservieren, daß sie von beiden Seiten als vom Urheber selbst geglaubt verstanden werden sollen.[44]

Macht man sich aber diese pragmatische spieltheoretische Einstellung gegenüber seinem guten Ruf zu eigen, dann sollte man auch diesen Vertrauensschatz aufbauen, bis einmal der Augenblick kommt, da es sich lohnt, seinen ganzen Kredit mit einem besonders vorteilhaften Wortbruch zu verspielen. Doch wenn sich das für Heinz empfiehlt, dann empfiehlt es sich für seinen Gegner, Heinz in den gewichtigsten Dingen jedenfalls nicht zu trauen. Und Rapaport hat sehr schön gezeigt [45]: sieht Heinz dies bei seinem Gegner voraus, so empfiehlt es sich für ihn, sein Wort in etwas weniger wichtigen Dingen zu brechen, weil er sonst vielleicht überhaupt keine Gelegenheit findet, seinen Vertrauensschatz nutzbringend zu verbrauchen. Doch dann weiß sich auch Heinzens Gegner darauf einzurichten, und so fort, bis jede Vertrauensgrundlage aufgrund vernünftiger Überlegungen untergraben ist.[46]

In der Praxis dürften Heinz und sein Gegenüber natürlich nur selten so verfahren. Sehr häufig achten sie immer auf ihren guten Ruf und denken gar nicht daran, ihren Kredit zu barer Münze zu machen, auch nicht an einem Punkt, wo das insgesamt gesehen gewinnbringend wäre. Vielleicht mögen sie gar nicht gern ihre normativen Bindungen zugeben und verstecken ihre Moral hinter angeblichem aufgeklärtem langfristigem Eigennutz. Aber es ist doch Moral. Es scheint, wenn wir sprechen lernen, so lehrt man uns gleichzeitig, das bedeute die Wahrheit sprechen, vor allem gegenüber Menschen, die, wenn sie mit uns sprechen, uns gleichzeitig gerade ins Auge sehen; freilich werden wir auch gelehrt, daß es ein gewisses Feld guter Gründe für das Täuschen gibt. Und wenn wir in späteren Jahren unsere Arbeitskollegen und Nachbarn haben, da scheint es unvermeidlich, daß wir dann uns und die anderen moralisch beurteilen, Leute für »unzuverlässig« erklären, und dies unabhängig davon, wie *wir* uns tatsächlich verhalten oder zu welchen Freiheiten wir uns im Umgang mit Außenstehenden berechtigt fühlen.[47] Jedenfalls können wir letzten Endes keinen anderen in unsere Pläne einbauen, wenn wir uns nicht darauf verlassen können, daß er sein Wort gibt und hält und daß er ein zutreffendes Ausdrucksverhalten an den Tag legt, sei es nun, daß er es nicht manipulieren kann oder es nicht will. Und genauso klar ist, daß die Tugend, die wir da von uns verlangen, aus Organisations-Notwendigkeit gemacht ist.

Noch ein weiterer Gesichtspunkt. Normfreie Interaktion ist leicht vorstellbar, aber in der sozialen Natur schwer zu finden und zu erzeugen. Wenn sich Heinz und sein Gegenüber auf eine für beide vorteilhafte Interaktion einigen, dann muß im allgemeinen aus rein physischen Gründen der eine *vor* dem anderen etwas liefern, also Vertrauen haben. Geht es um handliche Gegenstände, so dürfte der voraussetzungsärmste Austauschmodus der sein, daß Heinz sein angebotenes Stück genau in dem Augenblick fahrenläßt, da er das des anderen vollständig in Besitz nimmt. Doch auch da, wo das möglich wäre, sind die Leute nicht so genau. In vielen Banken etwa, wo man in finanziellen Fragen sonst mit großer Umsicht zu verfahren pflegt [48], wechselt der Kassierer oft ganz große Scheine einfach so, daß er sie nach hinten mitnimmt und dann mit dem Wechselgeld erscheint, wobei der Kunde ein paar Augenblicke lang ohne einen juristisch unanfechtbaren Beweis dafür dasteht, daß er irgendetwas hergegeben hat. Hier besteht natürlich eine stillschweigende Übereinkunft, derjenigen der beiden Parteien Vertrauen entgegenzubringen, die auf den ersten Blick als die vertrauenswürdigere erscheinen mag. Diese moralische Arbeitsteilung findet sich vielleicht überhaupt immer, mindestens an einem bestimmten Punkt der Transaktion. So kann bei Gruppen, die sich in Kneipenvierteln etwas zu trinken verschaffen möchten, also in einem Milieu, das nicht gerade wegen nüchtern-geschäftsmäßiger Zuverlässigkeit bekannt ist, eine Transaktion folgendermaßen ablaufen:

> »Der Initiator und die anderen Mitglieder gehen den Gehweg entlang und fragen Passanten, ob sie Interesse hätten, ›sich an einer Flasche zu beteiligen‹. Der Werber muß dem in Aussicht genommenen Partner den bereits zusammengekommenen Geldbetrag und die Zahl der Leute mitteilen, mit denen er den Wein teilen muß, etwa: ›Wir sind drei und haben 28 Cents für eine Flasche beisammen. Willst du mitmachen?‹ Dabei wird das Geld vorgezeigt, so daß der Angesprochene sieht, daß das Angebot seriös ist und er nicht dazu herhalten soll, einer Gruppe völlig blanker ›Veranstalter‹ eine Flasche Wein zu kaufen. Der prospektive Gesellschafter kann also den Wert der Firma beurteilen, ehe er investiert.
>
> Hat der Angesprochene genug Geld und ist er zum Mitmachen bereit, so gibt er dem Anführer seine Einlage. Damit entsteht ein Vertragsverhältnis, und der Geldgeber wird Mitglied der Gruppe. Der Vertrag schafft eine Gesellschaft, deren Mitglieder bestimmte Rechte auf den Konsum der angestrebten Flasche Wein haben, und dem Anführer fällt die Aufgabe zu, den Wein zu kaufen und mit den Mitgliedern zu teilen. Die Größe der Gruppe ergibt sich aus dem Preis der Flasche und bewegt sich gewöhnlich zwischen drei und fünf Leuten. Die Gesellschaft besteht fort, bis der Vertrag durch das Leeren der Flasche gegenstandslos geworden ist.«[49]

Hier kommt man, wohlgemerkt, mit einem Minimum an Vertrauen aus, aber doch kaum ohne jedes, und sei es allein aus organisatorischen Gründen.

Wir waren von einem Heinz ausgegangen, der die Situation einschätzte, in die ihn Mutter Natur gestellt hatte, und wir kamen schrittweise bis an das Zentrum der Kommunikation, das informelle persönliche Gespräch. Ziel war die Analyse eines Teils dessen, was beim Gespräch vor sich geht, mittels spielanalytischer Begriffe, die sich aus radikal vereinfachten Situationen herleiten. Ich bin also der Auffassung, daß das Gespräch kein anderswo anzuwendendes Modell ist, sondern als letztes und nicht als erstes zu betrachten ist.

Versucht man die gesprächshafte informelle soziale Interaktion zu kennzeichnen, so zeigt sich, daß man nicht mit einem einzigen Bezugssystem arbeiten kann. Wie gesagt, läßt sich eine Seite dessen, was vor sich geht, manchmal als eine Form der sprachlichen Stichelei analysieren, bei der verbale Züge ihr Gewicht haben, obwohl es kein Erzwingungssystem gibt. Die nötigen normativen Bedingungen haben zu tun mit – oft sehr allgemeinen – Regeln des guten Geschmacks im Hinblick auf Aussagen und mit gewissen Minimal-Anstandsregeln, daß man den anderen Spieler ausreden läßt. Eine andere Seite dessen, was vor sich geht, läßt sich auf eiskalte Weise analysieren: Heinz kann dafür sorgen, daß deutlich wird, daß er denen harte Strafen auferlegen kann, die seine Worte nicht ernst nehmen, und daß ihn das nicht übermäßig viel kosten würde. Fast stets aber läßt sich ein gewisser Teil der persönlichen Interaktion aus der Spielperspektive analysieren, indem man nämlich davon ausgeht, daß alle Parteien durch verinnerlichte soziale Normen gebunden sind, die besagen, daß man sein Wort unbedingt halten muß. Und so gibt es auch die Tatsache, daß in Gesprächen unter Freunden und Bekannten keine Aussagen vorkommen dürfen, von denen sich unbestreitbar zeigen läßt, daß sie von ihrem Urheber nicht geglaubt wurden, kein Scherz waren und unrichtig sind – das würde den guten Ruf schwer schädigen. Doch trotz dieser Anwendungsmöglichkeiten kann die spielanalytische Betrachtungsweise einen großen Teil der unmittelbaren Gesprächsinteraktion nicht erfassen.

Beim informellen Gespräch werden Aussagen gemacht, die absichtlich mehrdeutig sind und den Sprecher nicht festlegen. Es werden Versprechungen und Drohungen für die Zukunft gemacht, wo die einzige Erzwingungsmöglichkeit das Interesse der Partei an ihrem Wort ist und die anderen Beteiligten gar nicht wirklich erwarten oder nicht einmal wünschen, daß man sich daran halte. Wo andere gern möchten, daß Heinz seinen guten Ruf sehr wichtig nimmt, kann sich Heinz selbst auch auf einen pragmatischeren Standpunkt stellen und dies nur uneinheitlich und unverläßlich tun. Er könnte den Eindruck haben, daß er zwar in dem einen sozialen Kreis an Ruf verliert, in einem anderen aber nicht, und daß die Zirkel selbst wenig dazu neigen, sich zusammenzutun, um Heinz zu disziplinieren. Außerdem neigen Parteien dazu, mitten im Spiel auf einmal um andere Gewinne zu spielen. An solchen Wendepunkten wird etwa eine bisherige bloße normative Beschränkung des Spiels zu dessen Ziel. (So kann zum Beispiel das Beleidigungsspiel unter der normativen Bedingung gespielt werden, daß die soziale Beziehung zwischen den Kontrahenten nicht berührt werden soll. Doch wenn das Spiel hart gespielt wird, kann es plötzlich doch dazu kommen, und dann kann sich das Ziel des Beleidigers plötzlich ändern. Er kann einer werden, dem es darum geht, einen verbalen Zug zu machen, der genau die Beziehung wiederherstellt – und dieser Zug gehört zu einem ganz anderen Spiel.)

Das Spielmodell hat noch andere Grenzen. Bisher war für uns Heinz einfach ein möglicherweise aufrichtiger Sender von Ausdruckselementen und von Aussagen. Doch das ist eine zu starke Vereinfachung der informellen persönlichen Interaktion. Wenn Heinz darauf bedacht ist, sich offen und ehrlich zu zeigen, und der andere darauf Wert legt, so kann man darin in gewisser Beziehung einen bloßen Ausdruck von etwas Allgemeinerem sehen. Man kann davon ausgehen, daß bei der persönlichen Interaktion zwischen den Parteien stets Grundsätze der gegenseitigen Achtung – wenn auch manchmal nur minimale – in Kraft sind. Diese beziehen sich auf viele Seiten des Verhaltens, von denen die Offenheit nur eine ist. Kurz, die persönliche Interaktion ist eine Arena des *Verhaltens,* nicht bloß des Ausdrucks und der Kommunikation, und dieses wird zunächst einmal nicht nach seiner Ehrlichkeit und Offenheit beurteilt, sondern danach, ob es »sckicklich« ist. Bestimmte Arten der Verdrehung und Unaufrichtigkeit sind gewiß anstößig, doch es gibt auch viele Situationen, in denen der offene Ausdruck von Gefühlen und die ungeschminkte Mitteilung von Meinungen als ganz unnötig oder geradezu unpassend definiert ist. Andere Gesichtspunkte stehen oft im Vordergrund, so etwa der Wunsch und die Verpflichtung, Sympathie und Taktgefühl zu zeigen, was immer man tatsächlich empfinden mag.

Ein weiterer Punkt. Ich sagte, die Erzwingung könne einer spezialisierten Organisation übertragen werden, oder dem Sprechenden selbst, oder in diesem oder jenem Grade der ganzen Öffentlichkeit. Und jetzt möchte ich den Gedanken vorbringen, daß sich die Erzwingung eigentlich nicht auf Worte, sondern auf Verhaltensgrundsätze richtet. Wir müssen uns klarmachen, daß bei einem Verstoß Heinzens gegen die Regeln des persönlichen Umgangs oft die betroffene Partei mit der Erzwingung einer Besserung betraut ist. Völlig unabhängig von ihrer langfristigen Wirkung auf Heinzens guten Ruf kann die Fehlkommunikation die andere Seite einfach vor die Aufgabe stellen, unmittelbare negative Sanktionen auszuüben. Und dabei braucht es

Heinzens Opfer gar nicht um Strategie oder eigenes Interesse zu gehen, ja nicht einmal um erfolgreiche Erzwingung; sein erstes Bedürfnis kann einfach sein, sich hinzustellen und klarzumachen, daß er auch wer ist.

Natürlich kann man auch hier versuchen, die spielanalytische Betrachtungsweise anzuwenden. Macht etwa Heinz eine unpassende Äußerung gegenüber dem anderen, so steht dieser vor einem spielhaften Dilemma. Wenn er seine Ehre verteidigt und Anstoß nimmt und Heinz irgendwie negativ sanktioniert, so kann er eine Eskalation des Zwists heraufbeschwören; wenn er »die Sache auf sich beruhen läßt«, so könnte er das Gefühl haben, sich als jemand, den man ernst nehmen muß, etwas zu vergeben.

Das deutlichste Beispiel für diese Situation ist unsere populäre Literatur über Cowboys, Kriminalisten und andere Menschen der Tat. Sie tragen Schußwaffen, Messer, Degen und Fäuste als Mittel zur Durchsetzung einer gerechten Behandlung ihrer selbst und aller Mitglieder des schwachen Geschlechts, die sich finden mögen. Also bewaffnet und also geleitet von persönlicher Ehre, sprechen sie Worte, die schicksalsschwere erste Züge in Auseinandersetzungen auf Leben und Tod sind.[50] Man beachte, daß der Besitz von Erzwingungsgeräten eine doppelte Wirkung hat: der andere kann Heinz zwingen, seine Zunge in Zaum zu halten, aber er gibt sich auch eine Blöße, falls er seine Hilfsmittel bei gegebenem Anlaß nicht ins Spiel bringt.

Eine Pistole und die Bereitschaft, sie zu gebrauchen – und wie man über *diese* Klarheit gewinnen kann, ist ein strategisches Problem für sich – verleihen den Worten eine Klarheit und ein Gewicht, das sie sonst in der persönlichen Interaktion nicht zu haben pflegen, und das verleiht Cowboygeschichten fast etwas Therapeutisches. Der Alltagsinteraktion schwebt gewiß dasselbe ritterliche Ideal vor, doch es kann zur Praxis eben diese Beziehung haben, weil es sich ohne weiteres in jede gewünschte Richtung drehen läßt. Im Normalfall ist der Betroffene weder ausschließlich von der Ehre noch ausschließlich von kühler strategischer Berechnung geleitet. Wenn er am Zuge ist, macht er keinen Zug, sondern bringt sich mit Halb-Handlungen durch. Anstelle von Festlegungen und Erzwingungen legt er selbstsicheres Verhalten und Ressentiments an den Tag. Keine Züge, nur Ausdrucksverhalten. Wollte man diesen Bereich der Gesten völlig auf strategische Begriffe bringen, so würde man seiner traurigen Beschaffenheit nicht gerecht; man würde Leuten ein komplexes Spiel nachprüfbar unterstellen, die gar keine ganz richtigen Spieler sind und gar nicht so recht spielen.

Ein Ergebnis können wir vielleicht behaupten. Wie schon gesagt, könnte es kaum irgendwelche soziale Organisation geben, wenn die Menschen nicht auf die bloßen Worte anderer etwas geben könnten; die Abstimmung der Tätigkeit nach Zeit und Ort würde sehr schwierig, und alle Situationsdefinitionen würden instabil. (Freilich würde eine völlig zuverlässige Personengruppe auch wieder Probleme besonderer Art schaffen.) Doch ebensosehr liegt auf der Hand, daß die Mitglieder bei ihrer Sozialisation zum Gebrauch der Sprache auch dahin sozialisiert werden, wie wichtig es sei, die Wahrheit zu sagen und als wahrhaftig bekannt zu sein – was natürlich mit der Gruppe variiert, insbesondere im Hinblick darauf, wieviel Wahrheitsliebe man Leuten schuldig ist, die als Außenstehende definiert werden können. So kommen wir also zu der Alltagsauffassung, daß verinnerlichte Normen das hauptsächliche Erzwingungssystem für die Kommunikation in der Gesellschaft sind. Doch die Untersuchung dieser normativen Bedingungen führt nicht so sehr zur Spieltheorie wie zur Betrachtung der verschiedenartigen und kapriziösen Wirkungsweisen der informellen sozialen Kontrolle. Worte *sind* bloße Worte und sollten eigentlich überhaupt nichts wert sein, doch in Wirklichkeit ist jede Aussage auf die eine oder andere Art eine performative Äußerung.

VI

In dieser Arbeit habe ich eine Definition der strategischen Interaktion und eine Klärung der besonderen Perspektiven versucht, die sich aus diesem Begriff ergeben.

Man sollte natürlich nicht übersehen, daß die strategische Interaktion der Meadschen Sozialpsychologie und dem nahesteht, wofür sich der Name »symbolische Interaktion« eingebürgert hat [51] – denn nirgends wird so deutlich wie in der Spielanalyse, wie sich der Handelnde in den anderen hineinversetzt und die Dinge jedenfalls zeitweilig aus dessen Blickwinkel sieht. Doch es ist durchaus zu bezweifeln, daß es zwischen diesen beiden Ansätzen wesentliche historische Verbindungen gibt. Wie dem auch sei, die strategische Interaktion dürfte den Ansatz des symbolischen Interaktionismus in zweierlei Beziehung weiterbringen. Erstens betont der strategische Ansatz die *vollständige* Interdependenz der Ergebnisse, das beiderseitige Bewußtsein von dieser Tatsache und die Fähigkeit, dieses auszunützen; damit liefert er eine sachgemäße Möglichkeit, zu verhindern, daß sich die Betrachtung einfach auf alle und jede Interdependenz ausweitet. Das ist wichtig, denn sonst bleibt kaum etwas Deutliches übrig. Zweitens beschäftigt sich die strategische Interaktion im Anschluß an die bahnbrechenden Arbeiten Schellings unmittelbar mit der Dynamik der Interdependenz bei beiderseitigem Wissen um sie; sie präpariert grundlegende Züge heraus und fragt nach natürlichen Haltepunkten in dem der Möglichkeit nach unendlichen Zirkel, bei dem zwei Spieler die Überlegungen beider über die Überlegungen des anderen in ihre Überlegungen einbeziehen, und so weiter.

Nun das analytische Hauptargument. Das System der strategischen Interaktion ist ziemlich formal; seine Anwendung ist nicht beschränkt, auch nicht im Hinblick auf das Spielergebnis, solange die Beteiligten an etwas gekettet bleiben, was sie als das sie beide betreffende Schicksal sehen, und somit gezwungen sind, eine der gegebenen hochstrukturierten Handlungsweisen einzuschlagen. Da nun jede Art von Ergebnis möglich ist, läßt sich der spielanalytische Ansatz ohne weiteres auf fast alles anwenden, was unter die schlecht definierte Rubrik »Interaktion« gerechnet wird. Und wie immer die Interaktion definiert wird, man muß den Akteuren bestimmte Eigenschaften zuweisen und ihnen eine innere Gliederung und eine Fähigkeit zum Plänemachen unterstellen, und hier finden die Neigungen eines Spielers ihren Platz. Der strategische Ansatz ist daher immer auf irgendeine Weise anwendbar; es ist also wichtig, sich über die Grenzen seiner Anwendbarkeit im klaren zu sein.

Nehmen wir den wichtigen strukturellen Bereich der sozialen Beziehungen – ihre Vermeidung, Schaffung, Aufrechterhaltung, Vertiefung, Abschwächung und Beendigung, ihre Verknüpfungen mit Netzen verschiedener Art und Funktionsweise. Da die Beherrschung des Standes einer Beziehung ein beiderseits interdependentes Ziel der in ihr stehenden Personen ist, so läßt sich die strategische Analyse anwenden. Sie trägt sicher etwas zum Verständnis der Beziehung der Personen bei [52], insbesondere an gewissen Knotenpunkten und im Hinblick auf das Element der Beziehung, die Person. Doch ein ganz allgemeines Bild von der Bildung von Beziehungen und den daraus entstehenden Strukturen läßt sich mit dem strategischen Ansatz nicht vollständig entwerfen. Außerdem scheint es, als könnte man nicht *Spezifisches* über die Spielanalyse lernen, wenn man sie auf das Gebiet der sozialen Beziehungen anwendet. Es *gibt* Kosten und Nutzen aufgrund von Beziehungen, doch das sind lediglich Beispiele für eine größere Klasse, und in der Spielanalyse spielen sie keine andere Rolle als intrapersonelle Ergebnisse wie Geldgewinn, Ansehen, sexuelle Gunst und Ähnliches – was sich daran zeigt, daß die strategische Analyse der sozialen Beziehungen meist mit den »Interessen« eines einzelnen Spielers anfängt, der die Folgen der Beziehung gegen ihm selbst gehörende Güter wie etwa sozioökonomische abwägt.[53]

Wenden wir uns vom Gebiet der sozialen Beziehungen einem anderen zu, nämlich den konkreten Erscheinungsformen der persönlichen Interaktion wie Zusammenkünften, Einladungen, Gesprächszirkeln u. ä. und ihren Regeln der wechselseitigen Beteiligung. Ob man auf eine Einladung gehen soll, ob man, wenn man dort ist, sich von ihrer Atmosphäre mittragen lassen soll (oder ob man sich, wenn man dort ist, einer verfügbaren Gesprächsgruppe niedrigeren Ranges anschließen oder lieber allein bleiben soll), solche Entscheidungen kann man strategisch analysieren, ebenso die Beschaffenheit des Akteurs, der sich bei diesen Gelegenheiten einfindet. Doch diese Analyse dürfte uns wenig über die spezifischen Eigenschaften von Parties sagen (etwa die Regel über das Recht, sich bestehenden Grüppchen anzuschließen, und die Pflicht, einbezogen zu werden), und ebenso dürfte sie wenig über die analytische Struktur der Spieltheorie aussagen. Entsprechendes gilt zum Beispiel auch für eine andere Seite der persönlichen Interaktion – die Grußregeln in der Öffentlichkeit. Ein feindlicher Agent steht vor einem strategischen Problem, wenn er entscheiden muß, ob er durch Erkennen und Grüßen zugeben soll, daß er die Menschen kennt, zu deren Erschießung man ihn in den Gefängnishof geholt hat [54]: falls man weiß, daß er die Opfer kennt, und er sie nicht zu kennen vorgibt, kann das seine Deckidentität gefährden; weiß man es nicht, dann kann das Anerkennen der Bekanntschaft einen vermeidbaren Verdacht gegen ihn wecken. Ein ähnliches Problem hat der Ehemann, der mit einer Sekretärin auf ein Wochenende auf die Jungferninseln [in der Karibik, d. Ü.] fliegen möchte: wenn auf dem Flughafen niemand sie kennt, könnte es am sichersten sein, sich von Anfang an als das Paar zu geben, das sie auf eine Weile werden wollen; wenn dort jemand einen von ihnen kennt, dann dürfte es für die beiden am sichersten sein, so zu tun, als kennten sie sich nicht; wenn jemand ihre Arbeitsbeziehung kennt oder wahrscheinlich erfahren wird, dann könnte es am sichersten sein, diese Beziehung mit einer Begrüßung und einem kleinen zwanglosen Gespräch anzuerkennen. (Und darüber müssen die beiden entscheiden, ohne alle Leute sehen zu können, von denen sie gesehen werden, und ohne zu wissen, wer alles von ihnen weiß.) Nun muß zwar das Dilemma, ob man sich kennen soll oder nicht, durch strategische Analyse gelöst werden, doch es entsteht selbst zum Teil erst durch unsere Regeln für den Umgang mit Bekannten und Unbekannten bei zufälligem Zusammentreffen in der Öffentlichkeit, und das sind keine strategischen Regeln, sondern sie gehören zu dem Netz von Normen, die die sozial organisierte wechselseitige Beteiligung regeln.

Gewiß, es gibt strategische Züge, deren Wirksamkeit unmittelbar darauf angewiesen ist, daß der Spieler seinem Gegner persönlich gegenübersteht. So kann ein Verhörführer, der seinen Kandidaten auf einen festen Stuhl setzt, sich selbst aber auf einen, der sich leicht auf dem Boden fortbewegen läßt, mit seinen Bewegungen dem Verhörten eine uninteressante Geständnisabsicht abschneiden, oder ganz nahe an ihn heranfahren, um die natürliche Konstellation zu schaffen, in der seine Worte vertraulich, tiefempfunden und aufrichtig erscheinen. Und wenn sich der Verhörte überhaupt erst einmal auf das Reden eingelassen hat, so muß er einfach auf diese oder jene Weise auf Fragen antworten, die ihm höflich gestellt werden, wenn auch nur, um seinen Part in dem zu liefern, was zu einer Zweier-Wechselrede gehört; daher hat die amerikanische Bundeskriminalpolizei ihre strategischen Gründe, unangenehme Befragungen persönlich und nicht brieflich vorzunehmen.[55] Und doch, eine Analyse der *allgemeinen* Eigenschaften von Zusammenkünften und der *allgemeinen* Eigenschaften strategischer Spiele zielt auf Verschiedenes ab. Bei wichtigen Anwendungen der strategischen Interaktion kommen auch Beteiligte vor, die sich nicht persönlich gegenüberstehen, und Zugabfolgen, die zeitlich nicht sehr genau gebunden sind, während persönliche Zusammenkünfte ihrer Natur nach mit persönlicher Anwesenheit und kurzzeitigen Abfolgen verbunden sind.

Hier liegt mit Sicherheit eine besondere Quelle der Verwirrung in der sozialpsychologischen Literatur. Die Anwendbarkeit der Spiel-Betrachtungsweise auf Beziehungen und Zusammenkünfte und ihr großer Nutzen bei der Formulierung eines Modells des Handelnden, der Beziehungen eingeht und an Zusammenkünften teilnimmt, hat zu Theoriebildungen geführt, die zu früh Dinge vermischen, die wenigstens zunächst auseinandergehalten werden müssen. Die sozialen Beziehungen und die sozialen Zusammenkünfte sind zwei wohlunterschiedene Gegenstandsgebiete; die strategische Interaktion ist eine analytische Betrachtungsweise, die beide erhellt, aber mit keinem zusammenfällt.

Es gibt ein drittes Gegenstandsgebiet, das noch leichter mit der strategischen Interaktion zu verwechseln ist als die beiden genannten: das der Kommunikationssysteme – der Kanäle, Relais', Netze, Sender, Empfänger, Signale, Kodes, Tabellen, der Informationsbelastung, der Sicherheitsvorkehrungen und anderer spezialisierter Praktiken und Ausrüstungen, mit denen unter gegebenen Organisationsverhältnissen der ordnungsgemäße Fluß ausdrücklich formulierter Information gewährleistet wird.

Nehmen wir etwa das drahtlose Kommunikationssystem zwischen Spionageorganisationen und ihren Agenten in Feindesland. Eine Arbeitsbedingung für ein solches System ist die Geheimhaltung des Standorts des Agenten. Daher die strategischen Methoden, kurze Mitteilungen sporadisch auf wenig benutzten Frequenzen zu senden. Eine weitere Bedingung ist der Schutz der Information; Ziel ist, die Nachricht nicht in die Hand des Feindes fallen zu lassen, Mittel ist irgendein Kode oder eine Chiffrierung. Eine dritte Bedingung ist die Authentifizierung. Hier geht es der Heimatstation darum, ob der angebliche Sender auch der wirkliche ist. (Eine Lösung ist hier die Kenntnis des Sendestils jedes einzelnen Agenten.) Noch eine Bedingung ist die, daß der Agent seine Kommunikationsgeräte betriebsfähig halten können muß. Hier bestand die Lösung oft darin, die Agentenrolle in zwei Rollen aufzuteilen, derart, daß der eine Mann sich um die Sendung und der andere (mit Hilfe seiner Ausbildung) um das Sendegerät kümmert.[56] Wohlgemerkt, wir sprechen hier von der Soziologie von Kommunikationssystemen, nämlich den besonderen sozialen Bedingungen, unter denen ein besonderes Kommunikationssystem arbeiten muß.

Betrachten wir nun ein weiteres soziales Element an diesem Kommunikationssystem: man könnte es das Problem der Auffassung nennen. Es liege eine sauber empfangene, leichtverständliche Nachricht vor; in welchem Lichte ist sie zu sehen, welche systematische, Wort für Wort vorgehende Umdeutung muß sie erfahren? Hat der Sender wirklich das getan, was er getan zu haben scheint, nämlich eine ernstgemeinte und verläßliche Nachricht gesendet? Oder probiert er nur das Senden aus, oder macht er einen Scherz, oder sendet er eine falsche Nachricht, weil er jetzt für die andere Seite arbeitet, oder sendet er unter vorgehaltener Pistole und versucht das dem Empfänger irgendwie klarzumachen?

Damit der vorgesehene Empfänger diesen Rahmen, in dem die Nachricht steht, bestimmen kann, bedienen sich geheimdienstliche Kommunikationssysteme manchmal sogenannter »Sicherheitsprüfungen«. Der Sender muß jeder Nachricht ein ansonsten sinnloses Zeichen voranstellen, das man unauffällig weglassen kann, wenn man unter Zwang sendet, so daß die Heimatstation bezüglich dessen, was sie empfängt und was sie senden wird, gewarnt ist. Hier trägt die strategische Analyse etwas zum Verständnis von Kommunikationssystemen bei, denn in der Praxis ist es anscheinend so, daß sich die Sicherheitsprüfungen nicht sehr gut bewähren. Einmal ist es so, daß der Empfänger in der Heimatstation mit einem gewissen Maß von »Rauschen« bei der Übertragung rechnen muß; außerdem muß er davon ausgehen, daß der Sender die Sicherheitsvorschriften nicht immer genau befolgt.[57] Daher pflegt man das Fehlen eines Sicherheitszeichens eher als Nachlässigkeit denn als Indiz dafür zu nehmen, daß die Sendestation ausgehoben worden ist. Für uns interessanter ist folgendes systematisch entstehendes Problem: Gibt der Empfänger auf irgendeine Weise zu verstehen, daß es dem Sender gelungen ist, die Warnung durchzugeben, so kann dies das Leben des unter Zwang gestellten Agenten gefährden und die Möglichkeit zerstören, über ihn dem Feind falsche Nachrichten zuzuleiten; wird es aber nicht zu verstehen gegeben, so könnte sich der Sender verpflichtet fühlen, seine Warnung deutlicher zu machen, so daß es dann auch diejenigen merken, die ihn zum Senden zwingen.[58] Hier haben wir also ein Beispiel dafür vor uns, wie ein Mechanismus in einem Kommunikationssystem – die Sicherheitsprüfungen – das System aus strategischen Gründen instabil machen kann.[59]

Man kann also ein Kommunikationssystem angeben und die strategischen Konsequenzen seiner verschiedenen Bedingungen betrachten. Im Hinblick auf denselben Gegenstand – ein bestimmtes Kommunikationssystem – kann man ebenso auch die Auswirkung sozialer Beziehungen und persönlicher Interaktion betrachten. Auf diese Weise kann man verschiedene Gegenstandsgebiete in wohlbestimmter und untergeordneter Funktion dazu heranziehen, daß sie etwas über ein Kommunikationssystem aussagen. Doch in der Praxis wird der Ausdruck »Kommunikation« gar nicht klar und einheitlich verwendet, man weiß oft nicht, was da überhaupt untersucht wird.

In der vorliegenden Arbeit war die Kommunikation natürlich kein wichtiger Gegenstand. Wohl waren es Einschätzungen, doch die ergeben sich ebensooft aus aufgelesenen Ausdruckselementen wie aus übertragenen Mitteilungen. Kommen wir auf unseren Löwen zurück und halten wir fest, daß er zwar eine Bewegung auf den Baum zu wahrnehmen kann und Heinz sich von daher den Wert dieses Zuges überlegen muß, doch es liegt hier immer noch Einschätzung und nicht Kommunikation vor. Wenn sich Heinz dazu entschließt, auf den Baum zuzulaufen, und das tut, so teilt er seinen Zug nicht mit, wie es etwa der Fall wäre, wenn er fernmündlich seiner Mutter darüber berichten würde; er macht einfach einen Zug, zu dessen konstitutiven Eigenschaften die bedauerliche Tatsache gehört, daß die Gegenseite leicht erkennen kann, daß er im Gange ist, und die Gegenseite ist so beschaffen, daß sie diese Information dazu ausnützen kann, Heinzens Situation zu verschlechtern.

Ähnliches läßt sich sagen, wenn wir zu den Brettspielen zurückkehren, die »zum Vergnügen« gespielt werden, zu Spielen also, bei denen die spieleigenen Einsatzmittel nicht eindeutig mit äußeren Gütern zusammenhängen und offenbar selbst den Beweggrund zum Spielen liefern müssen. Denn hier sieht es so aus, als wären die Spieler nur damit beschäftigt, ihre Züge offen erkennbar zu machen, also zu »kommunizieren«. Doch in Wirklichkeit ist es ungenau, wenn man sagt, bei einem Brettspiel werde ein Zug mitgeteilt.

Bei Unterhaltungsspielen müssen die Parteien mit dem gemeinsamen Gefühl anfangen, ein Gewinnen im Rahmen der Regeln sei wünschenswert und etwas Wichtiges – und diese Bedingung ist natürlich nicht immer erfüllt, so etwa, wenn Heinz gegen einen wesentlich schwächeren Spieler spielen muß. Hat man sich aber gemeinsam der Welt des Spiels anheimgegeben, so kann ein guter oder glücklicher Zug ein bedeutungsvoller Gewinn sein.

Doch auch hier ist ein Zug nur am Rande ein Kommunikationsmittel, und es sollte nicht überraschen, daß manche Züge unsichtbar sind und nicht mitgeteilt werden. Aus der Tatsache, daß wenig Erzwingungsapparat und wenig äußere Güter nötig sind, sollte man nicht herauslesen wollen, bei den Zügen handle es sich um reine oder bloße Kommunikation, sondern vielmehr dies, daß das *gesamte Spiel* von der materiellen Welt abgeschnitten ist. Das eigentliche Erzwingungsproblem bei bloßen Unterhaltungsspielen ist nicht das der Festlegung auf einen bestimmten Zug, den man einmal gemacht hat, sondern das des Aufgehens in der Spielwelt; ist das einmal gegeben, dann geschehen die Züge auch ernstlich. Und in solchen Spielen enthalten die Züge Information, aber das ist nur eine Seite des Zuges; in erster Linie verbraucht jeder Zug eine im Spiel bestehende Wahlmöglichkeit, und zwar auf eine bestimmte Art, die sich darauf auswirkt, welchen Wert die anderen Spieler dann noch mit ihren Zügen gewinnen können. (Beim Schau-Schach dagegen *ist* die Darstellung jedes Zuges auf einer großen Fläche eine bloße Kommunikation.) In einem strategischen Spiel verändert sich die Welt mit jedem Zug, doch bei bloßen Unterhaltungsspielen ist das eben eine Welt, die künstlich durch das gemeinsame Engagement der Spieler aufrechterhalten wird; bei schicksalhaften Spielen dagegen geht es um die eigentliche Welt.

Es verbleibt eine letzte Frage zur Bedeutung der strategischen Interaktion im Vergleich mit anderen analytischen Systemen in der Sozialpsychologie. Sie hat zu tun mit der schwierigen Unterscheidung zwischen der strategischen Interaktion und dem, was man als »Ausdrucksspiele« bezeichnen könnte.

Zu Beginn der Arbeit sagten wir, die beiden wesentlichen Züge für den gejagten Heinz – auf den Baum zulaufen oder »erstarren« – machten die Frage der Sichtbarkeit akut, und allein schon aus diesem Grunde (wie noch aus anderen) seien die beiden Züge völlig verschieden. Das ist richtig, doch es ist auch richtig, daß in dem Spiel zwischen Heinz und dem Löwen ein Zug noch mehr ist als eine Basis der Einschätzung – es ist eine objektive, die Verhältnisse ändernde Handlung, deren Wirksamkeit nur zufällig von der Frage der Sichtbarkeit abhängt. Die Komplikation liegt nun in folgendem: Wenn wir von Heinzens ernster Gesamtlage absehen und uns nur auf Fragen der Sichtbarkeit beschränken wollen, so können wir in der Tat daraus ein kleines Spiel konstruieren, bei dem der gesamte Wert und die gesamte Beschaffenheit eines Zuges nur mit der Einschätzung und ihrer Beeinflussung zu tun hat. Wir können so aus jedem Fall von strategischer Interaktion ein Ausdrucksspiel herausabstrahieren oder herausschneiden. Und das habe ich an anderer Stelle versucht.[60] Diese Einengung der Betrachtungsweise ist zwar möglich, doch man darf hier nicht übersehen, daß jedes dieser Ausdrucksspiele auch mit Recht als ein – veränderlicher – Bestandteil von etwas Umfassenderem gesehen werden kann, eines Spiels mit objektiven Handlungen, einem Fall strategischer Interaktion.

Ich möchte wiederholen: Bei der Analyse der strategischen Interaktion stehen die Züge im Mittelpunkt, doch sie sind eine umfassendere Klasse als diejenige, die sich aus den Zügen in Ausdrucksspielen ergibt. In einer Situation strategischer Interaktion besteht ein Zug in einer strukturierten Handlungsweise, die einem Spieler zur Verfügung steht und, wenn sie in die Tat umgesetzt wird, die Situation der Beteiligten objektiv verändert. Diese Züge sind teils verdeckt, teils sichtbar; sind sie sichtbar, so fragt sich stets, wie der Gegner den Vorgang auffaßt, welche Einschätzung er anhand desselben trifft. Doch diese Deutung ist nur ein Nebenprodukt der Interaktion, gewiß nicht das Ganze. Strategische Züge verändern nicht bloß einen Informationsstand, sondern sie schlagen eine Handlungsweise ein. Wir können also Situationen erwarten, in denen Heinz eine Handlungsweise wählt, von der er weiß, daß sie der anderen Seite Informationen liefert, die sie gegen ihn ausnützen kann; daß er aber findet, daß diese Kosten durch die anderen Gewinne mehr als ausgeglichen werden.[61]

Anmerkungen

I Ausdrucksspiele

1 Eine vorläufige Fassung erscheint in *Strategic Interaction and Conflict,* hrsg. v. K. Archibald (Institute of International Studies, Berkeley, Calif., 1966), S. 198 ff. Ich danke K. Archibald für zahlreiche Anregungen, die ich an vielen Stellen im Text verwendet habe, ohne besonders darauf hinzuweisen.

2 Siehe z. B. R. Bendix, *Herrschaft und Industriearbeit,* dt., Europäische Verlagsanstalt, Frankfurt (M), 1956.

3 Siehe die entsprechenden Argumente von Tom Burns in *Discovery,* Oktober 1964, S. 32. Meine Einschränkung für den Begriff der Kommunikation würden manche Autoren nur dem der Sprache und ihrer Ersatzmöglichkeiten auferlegen. Siehe dazu C. Hockett, »Logical Considerations in the Study of Animal Communication«, in W. Lanyon und T. Tavolga, Hrsg., *Animal Sounds and Communications* (Intelligencer, Washington, 1960), S. 392–420. Die Analytiker des Tierverhaltens gehen im allgemeinen von einem weiten Kommunikationsbegriff aus und sprechen davon, daß Artgenossen miteinander kommunizieren. Es wird von Verhalten berichtet, dessen Hauptfunktion nur noch darin zu bestehen scheint, Information für Tiere zu liefern, die es wahrnehmen können. Siehe S. Altmann, Hrsg., *Social Communication among Primates* (University of Chicago Press, Chicago, 1967).

4 Wie wir später sehen werden, werden die Fragen der Reichhaltigkeit, Richtigkeit, Offenheit und Ehrlichkeit oft durch Gesichtspunkte höherer Ordnung noch komplizierter, die mit der Beziehung einer Person zu der Beziehung einer anderen Person zu einer Aussage zu tun haben. Glaubt der Hörer, der Sprecher glaube das, was er ihm sagt? Wenn nicht, läßt es der Hörer erkennen? Es geht natürlich darum, daß es für den Sprecher unabhängig davon, ob er selbst glaubt, was er sagt, bei seinem Umgang mit dem Hörer wichtig ist, zu wissen, ob dieser im Hinblick auf die Beziehung des Sprechers zu seinen Aussagen wirklich glaubt, was zu glauben er sich den Anschein gibt.

5 Wenn die Frage, die der Verhörende dem Verhörten stellt, selbst mit dem Status der Antwort zu tun hat, etwa: »Glauben Sie das eigentlich selbst, was Sie mir jetzt antworten?«, dann entstehen zwei interessante Möglichkeiten. Eine positive Antwort läßt die beiden Dimensionen richtig – unrichtig und ehrlich – nicht ehrlich in eine zusammenfallen. Eine negative Antwort, nämlich: »Nein, ich glaube selbst nicht, was ich jetzt antworte«, läßt die Paradoxie des Epimenides entstehen.

6 Die Authentifizierung durch Ausdrucksaspekte der Kommunikation findet Beispiele in der vorliegenden Literatur über die Spionage, z. B. bei R. Seth, *Anatomy of Spying* (Dutton, New York, 1963), S. 138 f.:

> »Während dieser Ausbildungszeit mußte er mit *den* Leuten im Kommunikationszentrum Funkverkehr abwickeln, die dann auch seine Ernstfall-Nachrichten aus dem Felde empfangen würden. Dabei sollte nicht nur er in der Tätigkeit unter Praxisbedingungen Übung erwerben, sondern seine Kontaktleute im Zentrum sollten auch seine ›Morsehandschrift‹ kennenlernen können. Man glaubte damals – was freilich unter den Sachverständigen nicht ganz unumstritten ist –, der Rhythmus eines Menschen beim Senden von Morsezeichen sei so charakteristisch wie seine Handschrift. Falls sein Gerät und sein Kode vom Feind erbeutet würden und dieser damit versuchen sollte, den S.O.E. [Zweig des britischen Geheimdienstes, d. Ü.] zu täuschen, so würden die Leute im Kommunikationszentrum sofort an der anderen ›Handschrift‹ merken, was los war.«

Siehe auch E. Cookridge, *Inside S.O.E.* (Arthur Baker, London, 1966), S. 84:

> »Gewöhnlich wurden die Signale eines Agenten im Außendienst zur vorgesehenen Zeit von derselben Telegraphistin empfangen. Er hatte also seine bestimmte ›Patin‹ in der Empfangsstation irgendwo in einem vornehmen Haus in Oxfordshire oder Gloucestershire. Da jeder Funker beim Morsen einen persönlichen Stil hat, konnte sie seine ›Klaue‹ allmählich kennenlernen und, wenn etwas wesentlich anderes hereinkam, einen Betrüger entlarven.«

Ähnlich G. Perrault, *The Secrets of D-Day* (Barker, Ltd., London, 1964), S. 124:

> »So sendete etwa Hans Schmidt drei Jahre lang Nachrichten unter der Aufsicht der britischen Beamten, die ihn gefaßt und dann umgedreht hatten ...
>
> Daß Schmidt davonkam, lag ausschließlich daran, daß eine von ihm stammende Tonbandaufzeichnung in den Archiven der deutschen Abwehr vorhanden war. Jeder Funker hatte seinen charakteristischen Rhythmus und Stil – seine ›Unterschrift‹. Durch den Vergleich der Nachricht eines Spions mit dem vorher aufgenommenen Probeband konnte sich die Abwehr vergewissern, daß er tatsächlich selbst sendete. Es hätte den Engländern nichts genützt, wenn sie Hans Schmidt stillschweigend abserviert und jemand anderen an sein Funkgerät gesetzt hätten.«

Mechanische Geräte zum Senden von Nachrichten liefern nicht nur Information über den Bedienenden, sondern sie drücken der Nachricht auch ihren eigenen Stempel auf. Siehe etwa D. Crown, »Landmarks in Typewriter Identification«, *Journal of Criminal Law, Criminology and Police Science* 48 (1957), S. 105–111.

7 Das Aufspüren durch Ortung der Signalquelle ist natürlich auch bei nichtsymbolischer Aktivität verbreitet, etwa wenn Unterseeboote anhand ihres Schraubengeräuschs geortet werden. Auch in der Tierwelt findet man häufig diese Funktion von Schallsignalen:

»Die Tackgeräusche der Jungen von Arten mit raschem Tack-tack-tack haben ein weites Frequenzspektrum, gehören zu den Lauten, die am genauesten und raschesten zu orten sind, und können weniger durch Laute aus der Umgebung maskiert werden, als es wohl bei reinen Tönen der Fall wäre – lauter Faktoren, die der Funktion entsprechen, Eltern auf ein verlorenes oder gefährdetes Junges aufmerksam zu machen und zu ihm hinzuführen.« (P. Marler, »Communication in Monkeys and Apes«, Kap. 16 in *Primate Behavior,* hrsg. v. I. DeVore [Holt, Rinehart & Winston, New York, 1965], S. 568.)

8 So neuerdings H. Garfinkel und H. Sacks in ihren Arbeiten über Gesprächssituationen.

9 Eine nützliche Darstellung dieser Art von Textanalyse findet sich bei A. George, *Propaganda Analysis* (Row and Peterson, White Plains, 1959).

10 R. Turner, »Role-Taking, Role Standpoint, and Reference-Group Behavior«, *American Journal of Sociology* 61 (1956), S. 319.

11 Siehe H. Cott, *Adaptive Coloration in Animals* (London, 1940); A. Portmann, *Tarnung im Tierreich* (Springer, Berlin, 1956); R. Caillois, *Méduse et C.ie* (Gallimard, Paris, 1960).

12 Agenten, die telefonisch ein Treffen vereinbaren möchten, können sich eines Verfahrens bedienen, das Ort und Zeit innerhalb der Formulierung eines Plans verbirgt, von dem beide wissen, daß er nichts zu bedeuten hat. Für einen Mithörer, der nichts argwöhnt, ist das ein verdecktes Verbergen, anderenfalls ein offenes.

13 C. Felix, *The Spy and His Masters* (Secker and Warburg, London, 1963), S. 23–26, spricht sich für eine etwas andere Unterscheidung aus, die in Geheimdienstkreisen üblich sei: offene Geheimoperationen sind solche, bei denen zugegeben wird, was grundsätzlich vor sich geht, die Einzelheiten aber geheimgehalten werden; verdeckte Operationen sind solche, die unter irgendeinem Deckmantel oder einer Tarnung ablaufen; verborgene Operationen sind überhaupt unsichtbar. Kriminelle Aktionen haben gewöhnlich in ihren verschiedenen Phasen sowohl »verdeckten« als auch »verborgenen« Charakter. Eine Ausnahme ist die – ausschließlich verdeckte – Scheckfälschung. Siehe E. Lemert, »An Isolation and Closure Theory of Naive Check Forgery«, *Journal of Criminal Law, Criminology and Police Science* 44 (1953), S. 298.

14 Ein Deckmantel kann leicht (flach) oder tief sein, was anscheinend von seiner Zuverlässigkeit abhängt, z. B. der Anzahl der Eingeweihten, der Gründlichkeit der Tarnung u. ä. Siehe dazu Felix (vgl. Anm. 13), S. 77, sowie S. De Gramont, *The Secret War* (Dell, New York, 1963), S. 137. Natürlich genügt in der Praxis die Tiefe für einen Deckmantel nicht. So meint Felix (ebenda, S. 72):

»Ist man bei einer Deckgeschichte zu genau, so erhöht das qualitativ die Chancen der Widerlegung; bringt man zu viele Einzelheiten, so erhöht es sie quantitativ. Äußert man sich zu früh, so deckt man seine Karten auf, ehe man alles, was man erfahren kann, darüber weiß, was der Gegner in der Hand hat; und läßt man alles auf einmal heraus, so nimmt man sich die Möglichkeit, sich einer im Fluß befindlichen Situation mit Improvisationen anzupassen.«

15 M. Scott, »A Note on the Place of Truth«, *Berkeley Journal of Sociology* 8 (1963), S. 36–38.

16 WNS in *Sunday Call-Chronicle,* Allentown, Pennsylvania, 3. 2. 1963.

17 Die natürliche Auslese bewirkt dasselbe. Als »Antwort« auf die Fähigkeit von Raubtieren, ihre Beute durch Schall zu orten, wird manchmal ein Tarnlaut entwickelt:

»Wenn sich ein Habicht, Accipiter striatus, oder Sperber, Falco sparverius, einer Gruppe Schwanzmeisen, Psaltriparus minimus, nähert, so stimmen diese winzigen Vögel gemeinsam volle zwei Minuten lang ein gellendes Trillern an, und nach Joseph Grinnell (1905) [»Call notes of the bush-tit«, *Condor* 5, S. 85–87], der diesen schrillen ›Verwischungs-Chor‹ beschrieben hat, ist das Bemerkenswerte daran, daß es absolut unmöglich sei, irgendeinen einzelnen Vogel damit zu orten.« (N. Collias, »An Ecological and Functional Classification of Animal Sounds«, in Lanyon und Tavolga [vgl. Anm. 3], S. 372.)

18 Nur in ganz ausgeprägten Fällen läßt sich der Versuch des Beobachters, diesen Gegenzug zu kontern, mit Nutzen von einem einfachen Aufdeck-Zug unterscheiden.

19 T. Sorensen, *Kennedy* (Harper & Row, New York, 1965), S. 63.

20 Ebenda, S. 686.

21 Siehe etwa O. Pinto, *Spy Catcher* (Berkeley Publishing Corporation, New York, 1952), S. 41 f., »The Story within a Story«; ferner Perrault (vgl. Anm. 6), S. 116.

22 M. Mead, *Soviet Attitudes toward Authority* (McGraw-Hill, New York, 1951), S. 65 f.

23 Wiedergegeben bei J. Wiseman, »Making the Loop: The Institutional Cycle of Alcoholics«, Ph. D.-Dissertation, University of California, Department of Sociology, 1968, S. 378.

24 E. Butler, *Amateur Agent* (Harrap, London, 1963), S. 132.

25 S. Lovell, *Of Spies and Strategems* (Prentice-Hall, Englewood Cliffs, 1963), S. 23. Ein weiteres Beispiel ist die von den Deutschen im letzten Krieg errichtete Anlage zur Fälschung von Fünfpfundnoten. Dazu siehe A. Pirie, *Operation Bernhard* (Grove Press, New York, 1963). Übrigens hat es noch andere Arten spezialisierter Einrichtungen für den Ausdruckskampf gegeben, so das »grüne Haus« des preußischen Meisterspions William Stieber in Berlin um die Jahrhundertwende, das dafür eingerichtet war, europäische Diplomaten und Agenten, deren Vergnügungsbedürfnis verschiedenen Geschmacksrichtungen folgte, erpreßbar zu machen. Siehe A. Ind, *A History of Modern Espionage* (Hodder and Stoughton, London, 1965), S. 49. Anscheinend verwendete Heydrich im letzten Krieg ebenfalls eine Version eines solchen Hauses, den »Salon Kitty« (ebenda, S. 267).

26 Cookridge (vgl. Anm. 6), S. 62.

27 Siehe etwa P. Monat, *Spy in the U.S.* (Berkeley Medallion Book, New York, 1965), S. 191. Es gibt in der Tat einen ansehnlichen Schatz von Kenntnissen über, wie man sagen könnte, Pannen in bezug auf kulturelle Formen. Etwa: »Die Engländer entdeckten einmal einen Doppelagenten in Ägypten, weil er vergaß, in der üblichen Art der Einheimischen mit leicht gebogenen Knien zu urinieren.« Siehe R. Alcorn, *No Bugles for Spies* (Popular Library, New York, 1962), S. 11.

28 S. Alsop und T. Braden, *Sub Rosa: The OSS and American Espionage* (Harcourt, Brace & World, New York, 1964), S. 41 f. Auch hier haben sich Kenntnisse angesammelt. Alcorn berichtet (vgl. Anm. 24), S. 54, als man Agenten mit Banknoten ausstattete, die gerade von der französischen Staatsbank gekommen waren, habe man sie nicht nur einer Alterung unterwerfen, sondern auch durchstechen müssen, weil die Bankangestellten in Frankreich Geldscheinbündel beim Zählen aufspießen.

29 A. Orlov, *Handbook of Intelligence and Guerrilla Warfare* (University of Michigan Press, Ann Arbor, 1963), S. 75 f. Anscheinend werden diese kleinen Requisiten in der Geheimdienstarbeit manchmal die »Kollektion« eines Agenten genannt. Dazu siehe Monat (vgl. Anm. 27), S. 163.

30 Ein interessantes neueres Beispiel sind die Arbeiten von Eckhard Hess über die Pupillenerweiterung als Anzeichen für die Einstellung zu einem wahrgenommenen Gegenstand. Siehe E. Hess, »Attitude and Pupil Size«, *Scientific American* 212 (April 1965), S. 46–54; E. Hess und J. Polk, »Pupil Size as Related to Interest Value of Visual Stimuli«, *Science* 132, 3423 (August 1960), S. 349 f.

31 Zum Beispiel ist in der Geschichte des Schmuggels eines der jüngsten Ereignisse die Erfindung des Zyklotrons. Jenes der Universität Witwatersrand in Südafrika kann Diamanten radioaktiv machen, von denen man einige wieder in die Schürfstellen einbringt, so daß man mit Geigerzählern wirksam und verhältnismäßig schonend nach Dieben und den Methoden des Verbergens forschen kann. Siehe J. du Plessis, *Diamonds Are Forever* (John Day Co., New York, 1964), S. 349 f.

32 Etwa die Verwendung von Terminplänen bei der Funkübertragung strategischer Information aus einem feindlichen ins eigene Land; die Entwicklung von Peilgeräten zur Ortung eines Senders; die Entwicklung von schnelllaufenden Magnetbändern, um die Sendezeit so zu verkürzen, daß keine Ortung mehr möglich ist; oder der Einsatz von Spähern, die den Peilfahrzeugen unauffällig folgen und fernmündlich darüber berichten, so daß gefährdete

Übertragungen in der Umgegend aufgeschoben werden können. Siehe J. Whitwell, *British Spy* (William Kimber, London, 1966), S. 127. Oder in Spielen zwischen illegalen Spielern und der Polizei die Abwicklung des Buchmachens über das Telefon, um es nicht bekannt werden zu lassen; das Abhören solcher Gespräche durch die Polizei; und schließlich die Verwendung von Telefonnummern, die unter anderem Namen im Telefonbuch stehen, mit weitreichenden Nebenanschlüssen, um das Abhören zu unterlaufen. Hierzu siehe S. Dash, R. Knowlton und R. Schwartz, *The Eavesdroppers* (Rutgers University Press, New Brunswick, 1959), S. 237 f. Jede kriminelle Fähigkeit scheint ihre eigene Geschichte als Ausdrucksspiel zu haben. Zum Beispiel:

»Drogen werden auf zahllose Arten geschmuggelt: in Pflaumen an der Stelle der Kerne; unter den Kleidern von Leuten, die als Mönche oder Nonnen gehen. Häufiger werden sie einfach in dunklen Ecken von Schiffen und Flugzeugen und Autos versteckt. Und im Mittleren Osten wird oft das Kamel benutzt. Die Beduinen wissen alles über das Kamel, und ein Genie unter ihnen entdeckte, daß man mehr als zwei Dutzend Blechbüchsen mit Drogen einem Kamel in den Schlund stopfen und dann einen Monat oder mehr in seinem Magen herumklappern lassen kann, ohne daß das Kamel übermäßig protestiert. (Kamele protestieren sowieso recht viel.) Das nun war ein sehr ausbaufähiges System. Tausende und aber Tausende von Kamelen überschreiten jedes Jahr mittelöstliche Grenzen. Mit der Zeit kamen die Zöllner natürlich dahinter, aber aus den Tausenden die richtigen Kamele herauszufinden, war wieder etwas anderes. Einige versuchten, die Kamele in den Bauch zu stoßen und auf verdächtige Geräusche zu achten. Doch das war für das Kamel unangenehm und für den Fahnder gefährlich (Kamele beißen ganz schön); außerdem hatte nicht jeder das richtige Ohr dafür. Schließlich verfiel einer auf das Minensuchgerät. Damit kam man sehr gut zurecht, bis sich die Beduinen auf Gummibehälter für die Drogen umstellten. Das Kamel muß freilich geschlachtet werden, um sie herauszuholen.« (D. Lyle, »The Logistics of Junk«, *Esquire*, März 1966 [59–114], S. 61.)

33 Zum Beispiel sorgt schon die Anwesenheit eines befreundeten diplomatischen Korps, das sich frei bewegen und mit Fremden reden kann, dafür, daß die Nachrichten auch an Leute gelangen, die zufällig im Sold des Feindes stehen. Siehe E. Montagu, *The Man Who Never Was* (Bantam Books, New York, 1964), S. 6.

34 Siehe etwa Perrault (vgl. Anm. 6), S. 154.

35 Cookridge (vgl. Anm. 6), S. 44.

36 Diese traurige Geschichte wird berichtet in *San Francisco Chronicle*, 29. 9. 1965, unter der Schlagzeile: »Vollgestopfte Taschen vereitelten Flucht«.

37 Seth (vgl. Anm. 6), S. 153–156.

38 Allen Dulles, *The Craft of Intelligence* (Signet Books, New York, 1965), S. 59.

39 P. Eckman und W. Friesen, »Nonverbal Leakage and Clues to Deception«, *Psychiatry* 32 (1969), S. 88–106. »Hinweise auf Täuschung geben ihm einen Wink, daß eine Täuschung im Gange ist, aber sie enthüllen nicht die verheimlichte Information; die Preisgabe dieser zurückgehaltenen Information bezeichnen wir als Durchsickern« (S. 89). Man beachte: wenn die vom Beobachter gesuchte Information die ist, ob der Beobachtete täuscht, dann sind Hinweise auf Täuschung identisch mit Durchsickern.

40 Natürlich fungieren wir alle als Lügendetektoren, aber unsere Ausschläge sind wohl nicht so empfindlich und verläßlich wie bei richtigen Polygraphen, und man kann von uns keine besseren Aufdeckleistungen erwarten als vom Beobachteten Verbergeleistungen, es sei denn, die Verhältnisse würden sehr belastend – wie ein Analytiker der Panik meint:

»Doch wenn die Angst eines Menschen eine gewisse Stärke erreicht, dann wird es ihm unter allen Umständen unmöglich, jeglichen äußeren Gefühlsausdruck zu unterdrücken. Kontrollieren kann man vielleicht noch ganz grobes Verhalten wie Schreien oder wildes Gestikulieren, doch bei Körperreaktionen wie Zittern, Erbleichen, Schwitzen, eine hohe Stimme haben, Pupillenerweiterung usw. ist es nicht mehr möglich. Es gibt Ausdrucksformen für die Emotion, die unwillkürlich auftreten, wenn die Angst eine gewisse Stärke erreicht. Ja, oft merkt der Betreffende in dem Augenblick nicht einmal, daß er die körperlichen Zeichen der Angst zeigt. So bemerkte ein Arzt, der bei einem Erdbeben in Panik floh, daß die Menschen, mit denen er zusammenkam, mit hoher Stimme redeten, was zum Fortbestehen seiner eigenen Angst beitrug. Schließlich begann er sich darüber Gedanken zu machen, und am Ende bemerkte er, daß er selber auch mit schriller Stimme redete.

Ob sich nun jemand bewußt ist oder nicht, daß er solche unwillkürlichen Zeichen der Angst zeigt, das Wichtige ist, daß diese alle, wenn sie von anderen unter entsprechenden Umständen wahrgenommen werden, eine Form unbewußter Kommunikation bilden. Hat jemand genügend Angst, so zeigt er ganz unversehens und oft völlig unbewußt bestimmte körperliche Reaktionen, die andere Menschen unter den entsprechenden Umständen als Anzeichen von ihm empfundener Angst verstehen.« (E. Quarantelli, »A Study of Panic: Its Nature, Types and Conditions«, Master-Thesis, University of Chicago, Department of Sociology, 1953, S. 144.)

41 Das wird ausgeführt bei E. Goffman, *Behavior in Public Places* (The Free Press, New York, 1963), dt. *Das Individuum im öffentlichen Austausch* (Suhrkamp, Frankfurt/M., 1974).

42 Siehe etwa Dulles (vgl. Anm. 38), S. 224. Ist der Beobachtete eine Personengruppe, so ist es natürlich noch viel schwieriger, völlig einheitlich zu reden.

43 Hier war mir eine unveröffentlichte Arbeit (1962) von Sally Davis von Nutzen.

44 Bei der gewöhnlichen geselligen Interaktion bemühen sich die Beteiligten oft um das Gegenteil: sie beschränken sich auf Handlungen, die nicht dazu führen, daß sich die anderen nicht wohl fühlen, und wenn sie sich doch unwohl fühlen, so betrachtet man es als seine erste Pflicht, dem entgegenzuwirken. Solche Bemühungen können aber auch berufliche Gründe haben. So denken sich Fotografen gern etwas aus, damit sich ihre Kunden wohl fühlen:

»Man darf nicht vergessen, daß das Porträtsitzen eine höchst künstliche Situation ist. Man fühlt sich ständig beobachtet, auf die Probe gestellt, nicht nur vom kritischen Auge des *Fotografen,* sondern auch von der unerbittlichen Kameralinse. Man fühlt sich unwohl, befangen, eingeschüchtert und völlig unnatürlich. Kaum jemand kann seine Befangenheit sofort ablegen und sich vor der Kamera verhalten, als wäre sie nicht da. In den meisten Fällen muß ihnen der Fotograf dabei helfen.« (P. Halsman, »Psychological Portraiture«, *Popular Photography,* Dezember 1958, S. 121.)

Man sollte nicht verkennen, daß die Methoden, andere sich unwohl oder wohl fühlen zu lassen, zu dem sehr allgemeinen Spiel der Beeinflussung der Fähigkeit des anderen zu kontrolliertem Verhalten gehören; so etwa, wenn ein Spieler etwas sagt, was seinen Gegner aus dem Konzept bringen oder zu einem unüberlegten Vorstoß verleiten soll. Der Verlust der Selbstkontrolle in einem Ausdrucksspiel ist nur *eine* Folge des Verlusts der Gelassenheit.

45 R. Arthur und R. Caputo, *Interrogation for Investigators* (William C. Copp, New York, 1959), S. 31.

46 Ebenda, S. 26–28.

47 Ebenda, Kap. 10, »Der nervöse Verdächtige«, S. 91–111.

48 Ebenda, S. 33 f.

49 Ebendort.

50 Ebenda, S. 75.

51 F. Inbau und J. Reid, *Criminal Interrogation and Confession* (Williams and Wilkins, Baltimore, 1962), S. 29.

52 Ebenda, S. 30.

53 Ebendort.

54 Ebendort.

55 Eine weitergehende Analyse dieses Vorgangs wird versucht bei E. Goffman, »Fun in Games«, in *Encounters* (Bobbs Merrill, Indianapolis, 1961), S. 52 f.; dt. *Interaktion: Spaß am Spiel. Rollendistanz* (Piper, München, 1973), S. 59 f.

56 Auf diese Weise läßt sich Gefügigkeit jeder Art erzielen, doch hier interessieren wir uns nur für eine, wenn auch wichtige, Art, nämlich das Preisgeben von Information.

57 In der Geheimdienstarbeit kann der Feind »innen« sitzen, wenn zum Beispiel ein Agent zuviel Zeit auf die gewinnbringende Ausübung seines Deckberufs verwendet oder erfundene Informationen liefert, nur um sich seiner Bezahlung wert zu zeigen.

58 Selbst unter den Bedingungen der Polizeiarbeit scheint man sich dieser Methode zu bedienen. Siehe z. B. Inbau und Reid (vgl. Anm. 51), S. 56 f., und Arthur und Caputo (vgl. Anm. 45), S. 138.

59 H. Mulbar, *Interrogation* (Charles Thomas, Springfield, 1951), S. 6 u. 10; Arthur und Caputo (vgl. Anm. 45), S. 35 f., 64 f., 108 f.

60 M. Harney und J. Cross, *The Informer in Law Enforcement* (Charles Thomas, Springfield, 1962), S. 52.

61 Jacob Fisher, *The Art of Detection* (Sterling Paperbacks, 1961), S. 108.

62 In den Sozialwissenschaften besteht eine ausgesprochene Tendenz, die Verführung einfach als eine Art des Austauschs zu betrachten, wobei Dinge wie Nachgiebigkeit und Hochachtung als Güter genommen werden, die gegen irgendetwas anderes eingetauscht werden können. Ich halte das für einen sehr fragwürdigen Ansatz. Im gewöhnlichen täglichen Umgang zwischen Menschen können psychische Gefälligkeiten vom einen zum anderen fließen, aber als laufender Kommentar zum Stand der Beziehung und nicht als etwas, worum ausdrücklich gehandelt worden wäre. Das Gesamtergebnis des Umgangs kann eine Art Gleichgewicht der Gefälligkeiten auf beiden Seiten sein, vor allem, wenn die Beteiligten statusgleich sind, doch dieses Gleichgewicht ergibt sich als Folge einer entsprechend anerkannten Beziehung und nicht als Ziel des Handelns. Und sollte ein Beobachter seinem Beobachteten Gefälligkeiten berechnend erweisen, nur um von ihm welche zu erhalten, so muß er seinem Verhalten immer noch den Anstrich geben, als hätte er andere Interessen, sonst hat er im allgemeinen keinen Erfolg. Zu den Arten des Austauschs siehe E. Goffman, *Asylums* (Doubleday Anchor, Garden City, 1961), S. 275–278; dt. *Asyle* (Suhrkamp, Frankfurt/M., 1972), S. 213–218. Eine interessante Behandlung dieser allgemeinen Fragen findet sich bei K. Boulding, »Towards a Pure Theory of Threat Systems«, *Defense and Disarmament*, American Economic Association, S. 424–434. Robert Jervis hat auf Situationen hingewiesen, in denen man etwas gewinnen kann, wenn man deutlich macht, daß das eigene scheinbare Ausdrucksverhalten auf Berechnung beruht.

63 Harney und Cross (vgl. oben, Anm. 60).

64 Im Spionagespiel verwendet man oft arrangierte Erpressung *und* Bezahlung als eine Art Verbundstrategie; ein Beispiel ist die Behandlung Vassalls durch die Russen im 2. Weltkrieg. In der Belletristik sind diejenigen, die sich des erzwungenen Austauschs bedienen, gewöhnlich nicht die Schlauesten und beschränken sich auf diese eine Methode.

65 Mit persönlicher Bedrohung kann man jemanden nicht zu Handlungen bringen, zu denen er sich alleine in der freien Gesellschaft bewegen muß, es sei denn, es stünde ein allgegenwärtiges Netz von mitwirkenden Agenten zur Verfügung, was freilich bei Cosa nostra, NKWD und SMERSH der Fall sein soll. Der Wert einer Geisel für den Beobachter liegt nicht allein darin, daß der Beobachtete für sie stärkere Gefühle hegen könnte als für sich selbst, sondern auch darin, daß eine unmittelbare physische Bedrohung der Geisel von ein oder zwei Leuten aufrechterhalten werden kann, während der Beobachtete zu Handlungen gegen seinen Willen an einem Ort gezwungen wird, an dem er selbst völlig sicher ist. Man beachte, daß die Folter, analytisch gesehen, eine Randstellung einnehmen dürfte, abgesehen davon, daß sie moralisch nicht gerade das Sauberste ist. Information, die unter wahnsinnigen Schmerzen preisgegeben wird, läßt sich als eine Art unwillkürlichen, unkontrollierbaren Ausdrucksverhaltens auffassen; wird sie gegeben, nachdem die Folter durch einen unwillkürlichen Kapitulationsschrei angehalten worden ist, so könnte man sie anders auffassen, nämlich als Teilnahme an einem erzwungenen Austausch.

66 Perrault (vgl. Anm. 6), S. 170 f.

67 Pinto (vgl. Anm. 21), S. 25.

68 H. Trevor-Roper, »Witches and Witchcraft«, *Encounter* 28, 5 (Mai 1967), S. 3–25, und 28, 6 (Juni 1967), S. 13–34.

69 Felix (vgl. Anm. 13), S. 100 f. Felix behandelt die strategische Rolle des Zerstörungsschalters, den die Russen in Powers' U-2-Flugzeug gefunden haben wollen, und fragt, wie ein Nachrichtendienst seine Tätigkeit am besten verbergen könne: wenn er den Piloten das Flugzeug zerstören läßt, oder sich selbst gleich mit, oder ob dies ohne sein vorheriges Wissen gleichzeitig mit der Zerstörung des Flugzeugs geschehen solle.

70 Siehe Perrault (vgl. Anm. 6), Kap. 24, »Täuschung und Opferung«.

71 Ind (vgl. Anm. 25), S. 176 f.

72 Alsop und Braden (vgl. Anm. 28), S. 37.

73 So erklärt Eric Ambler das Fehlen von Spionagegeschichten vor dem 20. Jahrhundert. Erst in moderner Zeit hat man begonnen, solche Leute als mögliche Helden zu empfinden. Siehe E. Ambler (Hrsg.), *To Catch a Spy* (Athenaeum, New York, 1965), S. 12 f.

74 Aufrichtigkeit hat noch ein paar andere, fast paradoxe Bedeutungen. Man sagt wohl von jemandem, er sei aufrichtig, wenn er bei einer Ankündigung viel Emotion sehen läßt. Und einen Schauspieler nennt man aufrichtig, wenn er einen »natürlichen« Anschein erweckt, nämlich als würde er gar nicht schauspielern, obwohl er auf der Bühne agiert. Davon abgeleitet, bezeichnet wohl ein Vertreter einen Kollegen lobend als ehrlich, wenn er in Wirklichkeit sagen will, er könne die Kunden erfolgreich irreführen, indem er vertrauenerweckendes Ausdrucksverhalten spielt.

75 Inbau und Reid (vgl. Anm. 51), S. 162 ff., und Mulbar (vgl. Anm. 59), S. 62 ff.

76 Inbau und Reid (vgl. Anm. 51), S. 140 ff.

77 Ebenda, S. 187 f.

78 Ebenda, S. 190 f.

79 Ebenda, S. 183 f.

80 Ebenda, S. 191.

81 Ebenda, S. 189 f.

82 Dash u. a. (vgl. Anm. 32), S. 317.

83 Fisher (vgl. Anm. 61), S. 91.

84 Dulles (vgl. Anm. 38), S. 61. In der Polizeiarbeit kann es vorkommen, daß ein Polizeischüler, der als Spitzel verwendet werden soll, von der Polizeiakademie verwiesen wird, weil er eine kriminelle Vergangenheit habe – die man in der Tat für ihn dokumentarisch aufgebaut hatte. Siehe Dash u. a. (vgl. Anm. 32), S. 254.

85 Montagu (vgl. Anm. 33), S. 23.

86 Felix (vgl. Anm. 13), S. 114 f.

87 B. Tuchman, *The Zimmerman Telegram* (Delta Paperback, New York), S. 10. Siehe auch Dulles (vgl. Anm. 38), S. 74 f.

88 V. Meek, *Cops and Robbers* (Duckworth, London, 1962), S. 105.

89 Inbau und Reid (vgl. Anm. 51), S. 98.

90 Arthur und Caputo (vgl. Anm. 45), S. 51 f.

91 Ebenda, S. 42.

92 Inbau und Reid (vgl. Anm. 51), S. 99.

93 Siehe etwa A. W. Sansom, *I Spied Spies* (Harrap, London, 1965), S. 36.

94 Und so könnte es der Beobachtete ratsam finden, überhaupt keine Verheimlichung zu versuchen. Dulles (vgl. Anm. 38), S. 183 f., meint, ein Grund dafür, daß es die Vereinigten Staaten nicht empfehlenswert fanden, Powers' U-2-Flug abzuleugnen, sei der gewesen, daß im Laufe der Zeit so viele Leute für den Entwurf, den Bau und den Einsatz der U-2 eingesetzt werden mußten, daß die Wahrheit sehr wahrscheinlich an die Öffentlichkeit gekommen wäre, wenn man die allgemeinen Tatsachen irgendwie zu verheimlichen versucht hätte.

95 Felix (vgl. Anm. 13), S. 38.

96 Die heutige Praxis, den Feind nicht wissen zu lassen, was man über seine beabsichtigten Züge und seine Hilfsmittel weiß, wurde anscheinend kurz vor dem 1. Weltkrieg allgemein auf die Behandlung entdeckter feindlicher Agenten ausgedehnt, jedenfalls von den Engländern:

»Schon recht früh traf Kell [der erste Direktor von M. I. 5 (britische Spionageabwehr, d. Ü.)] eine Entscheidung, die weitreichende Folgen haben sollte und zu seinen wichtigsten überhaupt gehörte. Nachdem er sich mit Direktor Quinn [von Scotland Yard] besprochen und die Zustimmung von General Ewart eingeholt hatte, entschied Kell, daß gegen keinen der Spione, von denen er aus der Korrespondenz Ernsts erfahren hatte, irgendetwas unternommen werden sollte. Nur bei größter Gefahr für das Land sollte irgendjemand aus dem deutschen Spionagering festgenommen werden – und auch dann, so ordnete er an, sollte vor Gericht nichts erwähnt werden, was die Quelle der Information verraten könnte.

Indem Kell den Deutschen die Fortsetzung ihrer Tätigkeit ermöglichte, wollte er das Hauptquartier in Berlin glauben machen, der Ring sei den Engländern nicht bekannt. Die Deutschen würden dann keine andere Spio-

nageorganisation in England aufzubauen versuchen, und wenn es zum Krieg kam, so würde man sämtliche Spione leicht fassen können, die der englischen Spionageabwehr inzwischen so gut bekannt geworden waren.« (J. Bulloch, *M. I. 5* [Arthur Barker Ltd. London, 1963], S. 32.)
Und ein Netz, dessen Mitglieder nicht wissen, daß man um sie weiß, schafft die Möglichkeit, falsche Informationen »einzuspeisen«.

97 O. Penkovskiy, *The Penkovskiy Papers* (Doubleday, New York, 1965), S. 124.

98 Inbau und Reid (vgl. Anm. 51), S. 100; Mulbar (vgl. Anm. 59), S. 21 f.; Arthur und Caputo (vgl. Anm. 45), S. 22 f.

99 Siehe etwa Sansom (vgl. Anm. 93), S. 36–38.

100 Perrault (vgl. Anm. 6), S. 211. Perrault fügt in einer Fußnote hinzu: »Nach dem Invasionstag stieg der Kredit des Obersten bei den Deutschen sprunghaft, so daß ihn die Alliierten nun bis zum Ende des Krieges mit gutem Erfolg benutzen konnten.«

101 Cookridge (vgl. Anm. 6), S. 218.

102 Um zu beweisen, daß Chambers die Woodstock-Schreibmaschine von Hiss habe nachbauen können, beauftragten die Hiss-Leute einen Schreibmaschinenspezialisten, es zu versuchen. Tytell arbeitete zwei Jahre und suchte sich Typen aus dem ganzen Land zusammen; dabei legte er lediglich Schriftseiten zugrunde, die mit der Originalmaschine geschrieben waren. Es entstand eine Maschine, die einige Sachverständige täuschte. Jede Type wurde dem Vorbild im Hinblick auf Stellung, Einfärbung, Fehler und natürlich auf grobe Kennzeichen wie Schriftart gleichgemacht. Angesichts der Anzahl der Typen und ihrer Variationsmöglichkeiten kann man sich kaum ein schlüssigeres Beweisstück als eine geschriebene Seite vorstellen und damit einen besseren Beweis für die Möglichkeiten des Fälschens. Siehe M. Tytell, »The $ 7500 Typewriter I Built for Alger Hiss«, in K. Singer (Hrsg.), *The Secret Agent's Badge of Courage* (Bemont Books, New York, 1961), S. 44–63.

103 Dulles (vgl. Anm. 38), S. 24.

104 Perrault (vgl. Anm. 6), S. 207.

105 E. Altvilla, *The Art of Spying* (Prentice-Hall, Englewood, New Jersey), S. 21.

106 Perrault (vgl. Anm. 6), S. 209.

107 Ebenda, S. 192.

108 Ebenda, S. 193.

109 Dulles (vgl. Anm. 38), S. 139.

110 Perrault (vgl. Anm. 6), S. 193 f.

111 Ebenda, S. 194–196.

112 Ebenda, S. 209 f.

113 Ebenda, S. 193.

114 R. Wohlstetter, »Cuba and Pearl Harbor: Hindsight and Foresight«, *Foreign Affairs*, Juli 1965, S. 704.

115 Orlov (vgl. Anm. 29), S. 2.

116 Dash u. a. (vgl. Anm. 32), S. 212. Wie man hört, sind auch Ausstellungsräume von Bestattungsunternehmen zum gleichen Zweck mit Abhöranlagen ausgestattet worden. Siehe M. Brenton, *The Privacy Invaders* (Crest Books, New York, 1964), S. 12.

117 Altavilla (vgl. Anm. 105), S. 18–21.

118 *San Francisco Examiner and Chronicle*, 14. 4. 1968.

119 Robert Jervis hat mich auf eine weitere Einschränkung aufmerksam gemacht: wenn der Angriff die Stadt unvorbereitet trifft, dann weiß der Angreifer nicht, ob seine Agenten zuverlässig sind oder von einer Regierung umgedreht worden sind, die dem Angreifer das um jeden Preis verheimlichen möchte.

120 E. Bazen, *I Was Cicero* (Dell Books, New York, 1964), S. 105.

121 Orlov (vgl. Anm. 29), S. 127. Siehe auch Dulles (vgl. Anm. 38), S. 119.

122 Siehe etwa Dulles (vgl. Anm. 38), S. 119. Auch Penkovskiy hatte offenbar Schwierigkeiten, da die amerikanischen Beamten, an die er sich als erste wandte, fürchteten, einem »Provokateur« gegenüberzustehen. Penkovskiy (vgl. Anm. 97), S. 63.

123 Eine sehr nützliche Analyse internationaler Signalisiersysteme und ihrer Wechselfälle findet sich bei R. Jervis, *The Logic of Images in International Relations* (Princeton University Press, Princeton, 1970).

124 In neueren experimentellen Arbeiten haben Michael Argyle und seine Mitarbeiter einige der Faktoren untersucht, von denen es abhängt, ob sich jemand bei einer Begegnung mit einem anderen mehr als Beobachteter oder Beobachter fühlt, und ob seine Reaktionen eher sichtbar oder verdeckt sind. Es wird auch darauf verwiesen, das Frauen in Begegnungen mit Männern kraft ihrer Rolle eher erwarten, der Beobachtete zu sein. (Siehe M. Argyle u. a., »The Effects of Visibility on Interaction in a Dyad«, *Human Relations* 21 [1968], S. 3–17.) Eine Annahme, die sich bei diesen Arbeiten bestätigt, ist die, daß jeder Beteiligte leicht die Beobachter- wie die Beobachtetenrolle übernehmen kann und die verschiedenen experimentellen Bedingungen hierauf auch nur in begrenztem Maße wirken.

125 Montagu (vgl. Anm. 33), S. 24 f.

126 Kathleen Archibald meint, Freundestrios (und größere Netze) könnten auch auf andere Art stabilisiert werden: Peter könne mit seinen negativen Gefühlen gegenüber Paul zu diesem offener sein als zu Maria. Verhalten sich Paul und Maria entsprechend, so ist die Dreiergruppe stabilisiert.

127 Hierzu siehe H. Wilensky, *Organizational Intelligence* (Basic Books, New York, 1967).

128 Das klassische Beispiel dafür war die Aneignung des britischen Kodes und Sicherheitssignals für holländische Agenten durch die Deutschen im Jahre 1941, die im Laufe der Zeit 17 falsche Funkverbindungen mit England herstellten und alle während zwei Jahren herübergeschickten Agenten abfingen. Siehe Cookridge (vgl. Anm. 6), S. 390 ff., sowie H. Giskes, *London Calling North Pole* (Kimber, London, 1953).

129 F. Deakin und G. Storry, *The Case of Richard Sorge* (Harper & Row, New York, 1966), S. 181.

130 Ebenda, S. 207.

131 Ebenda, S. 215.

132 Eine Darstellung findet sich bei K. Singer, *Spies Who Changed History* (Ace Books, New York, 1960), S. 140–147.

II Strategische Interaktion

1 Persönliche Dokumente über religiöse abgeschlossene Anstalten und radikale politische Bewegungen deuten auf eine umgekehrte Möglichkeit, nämlich daß jemand freiwillig auf seinen eigenen Willen verzichtet, die »Rüstung des Gehorsams« anzieht und sich mit Beschränkungen identifiziert, die er sonst als gegen seine Interessen gerichtet empfinden würde. Militanz solcher Art läßt sich also als ein Spiel auffassen, das der Betreffende gegen sich selbst spielt. Eine weniger gewichtige Form im Privatleben sind Selbstbeherrschungsübungen: jemand, der sein starkes Ich ist, während er einkauft, versagt sich dabei geschätzte Süßigkeiten, weil er weiß, daß er zu Hause manchmal sein schwaches Ich ist.

2 So heißt es, die Angehörigen sowjetischer Beamter, die in die Vereinigten Staaten reisten, hätten manchmal zu Hause bleiben müssen, damit der Reisende auch schön wiederkommt. Siehe S. de Gramant, *The Secret War* (Dell, New York, 1963), S. 194.

3 G. Mattingly, *Renaissance Diplomacy* (Jonathan Cape, London, 1955), S. 30.

4 Tochter des Merari, Witwe des Menasses und sehr schön anzuschauen. Ihrer belagerten Stadt wurde von den Assyrern unter ihrem Oberfeldherrn, dem unbesiegbaren Holofernes, das Wasser abgeschnitten, so daß ihre Einwohner daran zu zweifeln begannen, daß der Herr für sie sorge. Judith entwarf den folgenden Plan und führte ihn aus: sie schritt von der Stadtmauer hinab ins Tal unter die Augen des Feindes und von da mit der List und Tücke, für die ihr Geschlecht bekannt ist, in das Zelt des Holofernes und von dort, als sie ihn nach drei Tagen bezirzt hatte, in sein Herz und an seine Seite. Also plaziert, schlug sie ihm den Kopf ab und stahl sich des Nachts mit ihrer Magd zu ihrem Volke zurück, um sein Vertrauen in Gottes Hut durch Vorzeigen ihres Gewinsts wiederherzustellen. Die Überlieferung will es so, daß Holofernes Judith anständig behandelte und nicht befleckte, aber sie konnte es eben noch besser mit ihm. Keine Rede ist davon, daß Judith für ein so hübsches Mädchen doch etwas wenig Gefühl zeigte, aber Holofernes war eben auch kein Judenjunge.

5 [Anm. u. Text weggefallen, da nur in englischer Sprache relevant, d. Ü.].

6 Es gibt natürlich Spiele und Spiele.

In der Spieltheorie pflegt man (wie es auch hier geschieht) als Spiel eine einzelne entscheidungsfordernde Situation zu bezeichnen, die auf bestimmte Art strukturiert ist, oder höchstens eine kurze Abfolge miteinander zusammenhängender Züge.

Der umgangssprachliche Gebrauch leitet sich von den Unterhaltungs-Brettspielen her. Hier betätigt man sich auf eine ganz bestimmte nicht-ernstgenommene Weise, wie es für die Spieltheorie nicht relevant ist. Brettspiele werden oft nur zum Vergnügen gespielt, ohne daß sie mit der übrigen Welt deutlich verknüpft wären; sie sind zeitlich und räumlich sauber abgegrenzt; über ihre Regeln herrscht große Übereinstimmung; die Spielmarken sind von geringem Wert, außer wenn ein Spiel im Gange ist; die Züge hängen in höchstem Maße voneinander ab, und die Geschicke (wenn auch nur die Spiel-Geschicke) sind stark miteinander verschränkt; im allgemeinen handelt es sich um Nullsummenspiele; es kommt zu sehr langen Abfolgen voneinander abhängiger Züge, so daß in einem Spiel wie dem Schach eine vollständige (»reine«) Strategie praktisch undenkbar ist.

In der neueren psychiatrischen Populärliteratur wird der Ausdruck »Spiel« als ungenauer, aber modischer Ersatz für Taktik, »Masche« oder »Technik« gebraucht.

7 Die Notwendigkeit dieser speziellen Annahme ist etwas umstritten. Siehe etwa R. Braithwaite, *Theory of Games as a Tool for the Moral Philosopher* (Cambridge University Press, Cambridge, 1963), S. 71–76.

8 Ähnlich halten es Autoren, die sich mit der Meadschen Vorstellung beschäftigen, bei der Interaktion sei man verpflichtet, sich in den anderen hineinzuversetzen, gern für selbstverständlich, daß man auch seinen eigenen Standpunkt wahrnehmen müsse, sonst könne sich das Verhalten nicht richtig entfalten. Da es angeblich »natürlich« ist, seinen eigenen Standpunkt einzunehmen, scheint überhaupt nur das Problem zu bestehen, wie man es erklärt, daß der des anderen eingenommen wird. Siehe dazu M. Feffer und L. Suchotliff, »Decentering Implications of Social Interaction«, *Journal of Personality and Social Psychology* 4 (1966), S. 415–422.

9 R. Seth, *Anatomy of Spying* (Dutton, New York, 1963), S. 62–64. Man beachte: was aus der Sicht *eines* Spiels lediglich ein vorbereiteter Zug ist, das kann aus der Sicht eines anderen Spiels (bei dem der Abschluß der Vorbereitungen als das Ziel gilt) ein vollendeter Zug sein.

10 N. Leites, *The Operational Code of the Politburo* (McGraw-Hill, New York, 1951). Siehe auch R. Benedict, *The Chrysanthemum and the Sword* (Houghton Mifflin, New York, 1946), Kap. 2, »Die Japaner im Kriege«, S. 20–42.

11 Normen werden oft, aber wie ich meine, ganz zu Unrecht, als Bestandteil der Präferenzstruktur betrachtet. Natürlich kann man den Nutzenbegriff so ausdehnen, aber dann fällt überhaupt alles unter ihn.

12 Einschlägiges Material findet sich bei L. Haimson, »The Soviet Style of Chess«, in M. Mead und R. Métraux (Hrsg.), *The Study of Culture at a Distance* (Chicago University Press, Chicago, 1953), S. 426–431; T. Uesugi und W. Vinache, »Strategy in a Feminine Game«, *Sociometry* 26 (1963), S. 75–78; sowie bei L. Wylie, *Village in the Vaucluse* (Harper & Row, New York, 1964), »Boules«, S. 250–259 (dt. Fischer, Frankfurt 1969).

13 A. Dulles, *The Craft of Intelligence* (Signet Books, New York, 1964), S. 136.

14 Siehe etwa C. Thayer, *Diplomat* (Harpers, New York, 1959), S. 15.

15 H. Nicolson, *Diplomacy* (Oxford University Press, New York, 1964), S. 63 f., meint:

»Ein Diplomat ... ist kein idealer Diplomat, wenn er nicht auch bescheiden ist. Die Gefahren der Eitelkeit bei einem Verhandelnden kann man kaum übertreiben ... Sie kann ihn dazu bringen, durch Prahlerei zu verletzen, durch Hochnäsigkeit oder durch Gewöhnlichkeit. Sie liegt aller verräterischen Ungeschicklichkeit und der meisten Taktlosigkeit zugrunde. Sie verleitet die ihr Verfallenen einmal dazu, ihre Wortgewandtheit zur Schau zu stellen, und zum andern zu diplomatisch verhängnisvollen Extravaganzen wie Ironie, Sinnsprüchen, verräterischen Anspielungen und scharfzüngigen Erwiderungen.«

16 Letters of Lord Chesterfield to His Son, Everyman's edition (Dutton, New York, 1929), S. 41.

17 Es ist zuzugeben, daß es manchmal wirklich schwierig ist, zwischen Eigenschaften von Spielern und bestimmten Eigenschaften von Parteien zu unterscheiden wie Entschlossenheit, normativer Eingeschränktheit u. a.

18 Siehe Thayer (vgl. Anm. 14), S. 41.

19 Siehe etwa »Bonanza Trouble: SEC vs. Texas Gulf Raises Sticky Question«, *Life,* 6. 8. 1965, S. 29–37.

20 Nicolson (vgl. Anm. 15), S. 65. Nicolson spricht auch (S. 34 f.) über die Schwierigkeiten von Urteilen über die Pflichten von diplomatischen Vertretern, wenn sich während ihres Aufenthalts im Ausland die Regierungsverhältnisse zu Hause grundlegend verändern. Robert Jervis meint, auch wenn die heimatlichen Verhältnisse stabil sind, könne ein Diplomat denen, für die er tätig ist, immer noch als nicht recht integer erscheinen, weil er anderen Informationen und Eindrücken ausgesetzt ist als sie.

21 G. Perrault, *The Secrets of D-Day* (Barker, London, 1965), S. 20.

22 T. C. Schelling, *The Strategy of Conflict* (Harvard University Press, Cambridge, 1960), S. 54–67.

23 Diese Frage wird ausführlich behandelt bei K. Boulding, *Conflict and Defense* (Harper Torchbooks, New York, 1963), Kap. 4, »Die Theorie des Überlebens«, S. 58–79.

24 Der Ausdruck stammt von mir; den Gedanken, daß hier ein eigenständiges analysierbares Gebiet vorliegen könnte, habe ich von T. C. Schelling übernommen.

25 Versprechungen und Drohungen lassen sich definieren als ein Zuschieben der Verantwortung für ein Ergebnis an den Empfänger und als ein Verknüpfen des Ansehens des Senders mit der Ausführung von etwas, was sonst seinen Interessen zuwiderläuft. Damit können die Strategieanalytiker Versprechungen und Drohungen von Ermunterungen und Warnungen unterscheiden – dies sind Voraussagen, gerichtet an Heinz, über die Auswirkungen einer bestimmten Handlungsweise von ihm. Siehe Schelling (vgl. Anm. 22), S. 123 ff., sowie F. Iklé, *How Nations Negotiate* (Harper & Row, New York, 1964), S. 62 ff.

26 Die führenden Experimente auf diesem Gebiet sind die von Morton Deutsch; siehe »Trust and Suspicion«, *Journal of Conflict Resolution* 2 (1958), S. 265–279, und »Co-operation and Trust: Some Theoretical Notes«, *Nebraska Symposium on Motivation*, 1962, S. 275–320.

27 Im Unterschied zum »Prisoner's-Dilemma«-Spiel, wo ein gleichmäßig aufgeteilter Gewinn nur eine der Möglichkeiten ist, und wo gegenseitiges Vertrauen nicht durch die Situation gewährleistet ist.

28 Es sollte nicht unerwähnt bleiben, daß es auch schon vorgekommen ist, daß dieser Preisunterschied, bewußt geschaffen und bewußt ausgenutzt, der betroffenen Maklerfirma schon teuer zu stehen gekommen ist, wenn auch nicht gerade ihre Zahlungsfähigkeit in Gefahr geriet. Ein Fallbericht findet sich in *The Wall Street Journal*, 1. 2. 1961, S. 18: »SEC Charges 3 Men Manipulated Prices of Polaroid, IBM Stock through Fraud«.

29 Siehe Schelling (vgl. Anm. 22), S. 95. Es lassen sich weitere »gute« Gründe dafür finden, auf bloße Worte etwas zu geben. Einige nennt Daniel Elsberg:

»Ich möchte noch sagen, was ich für die Wirkung von Worten auf Erwartungen halte. Worte können Hypothesen nahelegen, auf die der Betreffende sonst nicht gekommen wäre, oder die Aufmerksamkeit auf solche Hypothesen lenken, die dann sehr viel genauer geprüft werden können. So gilt speziell beim Prisoner's-Dilemma-Spiel: Wenn ich vorhabe, den anderen nicht einmal, sondern dreimal [für eine Nicht-Kooperation, d. Ü.] zu bestrafen, so möchte ich, daß er diese Hypothese prüft und seine Erwartungen in diese Richtung gehen. Ohne Worte dürfte das recht schwierig sein. Er steigt einmal aus der Kooperation aus. Ich ebenfalls. Er denkt: ›Schön, vielleicht will er mich eben einmal bestrafen. Ich mache wieder mit.‹ Ich mache zum zweitenmal nicht mit, und dann noch einmal. Er denkt: ›Was zum Teufel läuft da? Der spinnt.‹ Also steigt er aus, und jetzt muß ich selbst wiederum dreimal aussteigen. Was ich ihm zu verstehen geben will, könnte recht unklar werden. Wenn ich ihm aber *sagen* würde: ›Also, paß mal auf. Steig einmal aus, und ich tu's dreimal. Dreimal und nicht öfter‹

– dann hat er etwas, worauf er achten kann. Er prüft es, und es zeigt sich, ob es stimmt. Es beeinflußt seine Erwartungen sehr viel genauer als die viel weniger eindeutigen Handlungen.« (In K. Archibald, *Strategic Interaction and Conflict* [Institute of International Studies, 1966], S. 218.)
Eine nützliche Behandlung der Grundlage dafür, bloßen Worten Gewicht beizumessen, findet sich bei R. Jervis, *The Logic of Images in International Relations* (Princeton University Press, Princeton, 1970), Kap. 4, »Signals and Bluffs«.

30 Siehe etwa J. Fisher, *The Art of Detection* (Sterling Paperbacks, 1961), S. 108.

31 Wenn ein Kaufinteressent ein Angebot für ein zum Verkauf stehendes Haus macht, so ist der Verkäufer einer doppelten Gefahr ausgesetzt. Geht er auf den Handel ein und nimmt sein Haus aus dem Markt, so kann der Käufer immer noch finden, er wolle lieber eine Wohnung mieten und sein Geld in Anleihen anlegen. Der Verkäufer muß dann feststellen, daß er auf Verkaufsmöglichkeiten zu einer Zeit verzichtet hat, da der Markt, vielleicht nur vorübergehend, günstig war. Eine Anzahlung, die der Käufer physisch bei der Treuhandgesellschaft hinterlegt, kann theoretisch so kalkuliert werden, daß sie dem Geldwert entgangener Verkaufsmöglichkeiten genau entspricht. Dann ist es für den Verkäufer finanziell gleichgültig, ob der Käufer bei seinem Angebot bleibt oder nicht. Verbalen Versicherungen einer Kaufabsicht braucht dann der Verkäufer keinerlei Gewicht mehr beizulegen. Die zweite Gefahr, vor der eine Anzahlung den Verkäufer schützt, ist die des Feilschens. Geht der Verkäufer auf das Angebot des Käufers ein, so läuft er Gefahr, daß dieser es mit irgendeiner Ausrede zurückzieht und durch ein etwas niedrigeres ersetzt – das wiederum verringert werden kann, wenn es angenommen wird. Eine Anzahlung dagegen macht für den Kaufinteressenten das Feilschen unattraktiv.

32 Wie schon gesagt, dürfte das eher eine praktische als eine theoretische Einschränkung sein.

33 In der Tat hat es in England die Institution des Prozesses per Vorkämpfer gegeben, bei dem die potentiell Verurteilten mit dem Strick um den Hals den Ausgang eines Duells abwarteten, das von stellvertretenden Spezialisten ausgefochten wurde – kurz, ein Duell auf jemand anderes Tod. Siehe R. Baldick, *The Duel* (Chapman & Hall, London, 1965), S. 14.

34 Die wichtigste Ausnahme ist die Todesstrafe, bei der die einzige Möglichkeit, sich dem Spiel zu entziehen, wenn alle Einsprüche gescheitert sind, die ist, sich vorher selbst das Leben zu nehmen.

35 Hier stoßen wir auf die heiklen juristischen Probleme, die das Vermittlungsgeschäft aufwirft. Das englische Recht wird dargestellt bei G. Chesire und C. Fifoot, *The Law of Contract* (Butterworth, London, 1964), Kap. 2, »Vertragsgemeinschaft unter dem Law of Agency«, S. 400–432. Man beachte, daß nicht nur der Spieler Schwierigkeiten schaffen kann. In Europa pflegten bis 1919 die Akte eines bevollmächtigten Vertreters in internationalen Verhandlungen seine Regierung zu binden; nach 1919 haben die Staaten als Parteien die Möglichkeiten ihrer Spieler, Verpflichtungen einzugehen, erheblich eingeschränkt, wobei die Vereinigten Staaten wegen der Notwendigkeit und der Unvorhersehbarkeiten der notwendigen Ratifizierung durch den Senat vorangingen. Hierzu siehe Nicolson (vgl. Anm. 15), S. 44–46.

36 Hier und an anderer Stelle danke ich Amélie Rorty für Anregungen.

37 Hier kann man die Dinge leicht durcheinanderbringen. Damesteine und Schachfiguren gehören zu den spieleigenen Einsatzmitteln; sie sind daher der Zahl und dem Wert nach durch die Spielregeln beschränkt und sind in äußere Werte nur übersetzbar, wenn sie als Bestandteil des Gesamtergebnisses des Spiels betrachtet werden, dem ein bestimmter äußerer Wert wie Geld, Silberpokale oder Ehre zugewiesen wird. Spielmarken sind keine Bestandteile irgendeines bestimmten Spiels, sondern vielmehr der Ersatzwährung der Kasinobank, die auf Verlangen in gewöhnliche Währung konvertierbar sind, ähnlich wie diese, auf einer umfassenderen Ebene, manchmal auf Verlangen vom Staat in Silber oder Gold eingetauscht werden muß.

38 Die Ausführungen zum Kasinospiel stützen sich auf eine in Vorbereitung befindliche Felduntersuchung in Nevada.

39 Interessant ist dies: in einer Umgebung, in der die Spieler sehr oft die Bank im Verdacht haben, sie zu betrügen, und ständig jede sich bietende gute Gelegenheit benutzen, um ihrerseits zu betrügen, unter solchen Verhältnissen haben Spieler, und zwar vor allem erfahrene, gewöhnlich das Gefühl, daß sie ihren Platz am Spieltisch dadurch belegen können, daß sie ihre Marken und sogar ihr Bargeld liegen lassen; sie wissen, das Haus kann noch so unsolide sein, aber liegengelassenes Geld ist sicher. Kommen die Spieler nach ein paar Minuten zurück, so machen sie sich gewöhnlich nicht einmal die Mühe, nachzuzählen.

40 J. Austin, *Philosophical Papers,* hrsg. v. J. Urmson und G. Warnock (Oxford University Press, Oxford, 1961), Kap. 10.

41 H. Mulbar, *Interrogation* (Charles Thomas, Springfield, 1951), S. 62.

42 Gerichtsverhandlungen sind zwar ein Ort, an dem Worte Gewicht haben können, aber sie gewährleisten auch, daß Worte in Zweifel gezogen werden können. Ja, die gerichtlichen Verfahrensregeln liefern eine ausdrückliche Zusammenfassung der gesellschaftlichen Vorstellung von der menschlichen Natur, sofern sie mit dem Wert der Worte eines Menschen selbst unter Eid zu tun hat:

»Die Glaubwürdigkeit eines Zeugen kann mit den folgenden Gründen angefochten werden: (a) indem gezeigt wird, daß seine Wahrheitsliebe allgemein in schlechtem Rufe steht; (b) durch ein Kreuzverhör über irgendwelche angeblich von ihm begangenen unmoralischen, rowdyhaften oder kriminellen Handlungen, die mit seinem Charakter zu tun haben und in die Richtung weisen, daß er nicht glaubwürdig ist; (c) indem gezeigt wird, daß er eines Verbrechens überführt worden ist; (d) indem gezeigt wird, daß er entweder zur Zeit des Vorgangs, über den er ausgesagt hat, oder zur Zeit seines Zeugnisses unter Drogen- oder Alkoholeinfluß stand oder geistesgestört war.« (Fisher [vgl. Anm. 30], S. 117.)

43 »Nach einer Weile kam Robert Kennedy herein, müde und zerzaust. Er war gerade bei Botschafter Dobrynin gewesen, um zu klären, ob die sowjetischen Schiffe Anweisung hätten, umzukehren, wenn sie auf hoher See gestellt würden. Der sowjetische Botschafter, so berichtete der Justizminister, wirkte mitgenommen, nicht im Bilde und wußte nichts von irgendwelchen Anweisungen.

Am Freitag um 13.30 Uhr erhielt John Scali, der Korrespondent der American Broadcasting Company im Außenministerium, eine Aufforderung von Alexander Fomin, einem Berater der sowjetischen Botschaft, zu einem sofortigen Zusammentreffen ... Der für gewöhnlich phlegmatische Russe war jetzt verstört und beunruhigt und sagte: ›Es scheint, als ob ein Krieg ausbrechen würde. Es muß etwas geschehen.‹ [Er macht einen Vorschlag, bittet Scali, sofort zu klären, ob er annehmbar sei. Am gleichen Abend, nachdem der Vorschlag offiziell behandelt worden ist,] gab Scali diesen Bescheid weiter. Man traf sich diesmal in der Kaffeestube des Statler Hilton. Fomin versuchte kurz, den Gedanken einer UN-Kontrolle von Florida wie auch Kuba ins Gespräch zu bringen, dann erhob er sich und hatte es so eilig, den Bescheid zu überbringen, daß er eine Fünfdollarnote für eine Rechnung von 30 Cents hinlegte und davonstürzte, ohne auf das Wechselgeld zu warten. [Zwei Stunden später trifft ein vielversprechender Brief von Chruschtschow ein, und jeder atmet ein wenig auf. Doch am nächsten Morgen kommt ein zweiter Brief aus Moskau, diesmal mit einem unannehmbaren Vorschlag.] Rusk rief Scali zu sich und bat ihn, alles nur Mögliche bei seinem russischen Kontaktmann in Erfahrung zu bringen. Scali fürchtete, man habe ihn zur Täuschung seines eigenen Landes benutzt, und machte Fomin Vorwürfe, er habe ihn hintergangen. Der Russe jammerte, es müsse eine Verzögerung bei der telegrafischen Übermittlung gegeben haben, die Botschaft erwarte jeden Augenblick Nachricht von Chruschtschow. Das berichtete Scali sofort dem Präsidenten ...« (A. Schlesinger, Jr., »Thousand Days, Part 5« *Life*, 12. 11. 1965.)

44 Siehe die nützliche Arbeit von P. Diesing, »Bargaining Strategy and Union Management Relationships«, *Journal of Conflict Resolution* 5 (1961), insbes. S. 357–377. Diese Spezialisierung von Zeichen hat freilich eine natürliche Grenze: sie verführt nicht nur zum Mißbrauch, sondern wenn man weiß, daß es sie gibt, kann das zur Verringerung der Glaubwürdigkeit von Ankündigungen ohne sie führen. Hierzu siehe Jervis (vgl. Anm. 29), Abschnitt »Abnützung« in Kap. 4.

45 Archibald (vgl. Anm. 29), S. 98.

46 Jervis meint, diese betrüblichen Verhältnisse bei guten Spielen könnten dadurch gemildert werden, daß in der Praxis die Spieler vielleicht nicht genau wissen, was der letzte Zug des anderen ist.

47 Nicolson (vgl. Anm. 15), S. 40, stellt die Sache aus der Sicht des Diplomaten dar:

»Wie auf anderen Lebensgebieten und in anderen Berufen wird jemand letztlich nicht nach seiner Brillanz, sondern seiner Rechtschaffenheit beurteilt. Der Berufsdiplomat hat, wie andere Menschen auch, den tiefen Wunsch, von denen, die er achtet, als Ehrenmann angesehen zu werden. Einer der Vorteile der Berufsdiplomatie unter dem früheren System war, daß sie ein kollektives Urteil über den Charakter aufstellte und laufend führte. Sie war die Aktienbörse des diplomatischen Rufes. Es war allgemein bekannt, daß man Leuten wie Bülow, Aerenthal und Iswolsky nicht völlig vertrauen konnte, wohl aber Leuten wie Bethmann-Hollweg, den beiden Cambons und Stolypin.«

48 In Banken gibt es oft die Vorschrift, daß immer nur zwei Bedienstete gleichzeitig den Tresorraum betreten dürfen, womit sowohl die Bank geschützt als auch Schutz von ihr erlangt wird.

49 J. Rooney, »Group Processes among Skid Row Winos«, *Quarterly Journal of Studies on Alcohol* 22 (September 1964), S. 450.

50 Das wird eingehender behandelt bei E. Goffman, »Where Action Is«, in *Interaction Ritual* (Anchor paperback, New York, 1967), S. 239–270; dt. *Interaktionsrituale* (Suhrkamp, Frankfurt/M., 1973), »Wo was los ist – wo es action gibt«, Abschn. 9: »Charakterwettkämpfe«, S. 259–292.

51 Dieser Ausdruck wurde in diesem Zusammenhang zuerst von Herbert Blumer gebraucht: »Social Psychology«, Kap. 4 in E. Schmidt, *Man and Society* (Prentice-Hall, New York, 1937), S. 153. Eine ausgezeichnete neuere Darstellung liefert Blumer in »Society as Symbolic Interaction«, Kap. 9 in A. Rose, *Human Behavior and Social Processes* (Houghton Mifflin, Boston, 1962), S. 179–192.

52 Eine gründliche Analyse findet sich bei P. Blau, *Exchange and Power in Social Life* (Wiley, New York, 1964). Siehe auch A. Gouldner, »Norms of Reciprocity«, *American Sociological Review* 25 (1960), S. 161–178; G. Homans, *Elementarformen sozialen Verhaltens*, dt., Westd. Verl., Köln/Opladen, 1968; J. Thibaut und H. Kelley, *The Social Psychology of Groups* (Wiley, New York, 1959).

53 Wie es zum Beispiel in der charmanten leichten Literatur über den Kampf zwischen den Geschlechtern beschrieben wird.

54 A. Klein, *The Counterfeit Traitor* (Holt, New York, 1956), Kap. 28, »Das Erschießungskommando«, S. 172–179.

55 Siehe J. Griffiths und R. Ayres, »Faculty Note, A Postscript to the Miranda Project: Interrogation of Draft Protesters«, *Yale Law Journal* 77 (Dezember 1967), S. 300–319.

56 Eine Arbeitsteilung auf dem Gebiet der Rollen, die übrigens mit der zwischen Adligen und Gemeinen zusammenfällt und mit der zwischen Offizieren und Gemeinen. Im 2. Weltkrieg ging man immer noch gern davon aus, daß Leute, die sich den politischen Seiten der Geheimdienstarbeit widmen konnten, ihre Zeit nicht darauf verwenden könnten, den Umgang mit den Innereien eines Funkgeräts zu erlernen.

57 E. Cookridge, *Inside S.O.E.* (Arthur Baker, London, 1966), S. 420 f.

58 Siehe B. Sweet-Escott, *Baker Street Irregular* (Methuen, London, 1965), S. 211 f.

59 Es gibt eine ganze Reihe solcher strukturellen Dilemmas. Ein weiteres Beispiel: Wenn die Frontoffiziere in der Lage sein sollen, die militärischen Nachrichten aus dem Hauptquartier optimal auszunützen, dann muß die übertragene Nachricht rasch und genau verständlich sein, und dies ohne komplizierte Ausrüstung. Andererseits erfordern Sicherheit und Geheimhaltung komplizierte Ver- und Entschlüsselungsmethoden in dem Kommunikationssystem. Offenbar machen die Erfordernisse des Kampfes einen strategischen Kompromiß zwischen Schnelligkeit und Sicherheit notwendig.

60 »Ausdrucksspiele«, im vorliegenden Band.

61 Beispiele finden sich bei Jervis (vgl. oben, Anm. 29).

Hanser
Anthropologie

Herausgegeben von W. Lepenies und H. Ritter

Philippe Ariès
Geschichte der Kindheit

Philippe Ariès
Studien zur Geschichte des Todes im Abendland

Philippe Ariès
Geschichte des Todes

Norman O. Brown
Love's Body

Georges Canguilhem
Das Normale und das Pathologische

Georges Devereux
Angst und Methode in den Verhaltenswissenschaften

Michel Foucault
Die Geburt der Klinik. Eine Archäologie des ärztlichen Blicks

Michel Foucault
Die Ordnung des Diskurses

René König
Emile Durkheim zur Diskussion

Lawrence Krader
Ethnologie und Anthropologie bei Marx

Gérard Leclerc
Anthropologie und Kolonialismus

Wolf Lepenies
Das Ende der Naturgeschichte

Marcel Mauss
Soziologie und Anthropologie. 2 Bände. Mit einer Einführung von Claude Lévi-Strauss

Sergio Moravia
Beobachtende Vernunft. Philosophie und Anthropologie in der Aufklärung

Lionel Trilling
Das Ende der Aufrichtigkeit

Wolfgang Schivelbusch
Geschichte der Eisenbahnreise

Edmund Wilson
Abbitte an die Irokesen